MARCHA CRIANÇA 3

NATUREZA E SOCIEDADE

Maria Teresa Marsico

Professora graduada em Letras pela Universidade Federal do Rio de Janeiro (UFRJ) e em Pedagogia pela Sociedade Unificada de Ensino Superior Augusto Motta.
Atuou por mais de trinta anos como professora de Educação Infantil e Ensino Fundamental das redes municipal e particular no município do Rio de Janeiro.

Armando Coelho de Carvalho Neto

Atua desde 1981 com alunos e professores das redes oficial e particular de ensino do Rio de Janeiro. Desenvolve pesquisas e estudos sobre metodologias e teorias modernas de aprendizado. É autor de obras didáticas para Ensino Fundamental e Educação Infantil desde 1993.

editora scipione

editora scipione

Diretoria de conteúdo e inovação pedagógica
Mário Ghio Júnior

Diretoria editorial
Lidiane Vivaldini Olo

Gerência editorial
Luiz Tonolli

Editoria de Anos Iniciais
Tatiany Telles Renó

Edição
Tatiany Telles Renó e
Nathalia de Oliveira Matsumoto

Arte
Ricardo de Gan Braga (superv.),
Andréa Dellamagna (coord. de criação),
Gláucia Correa Koller (progr. visual de capa e miolo),
Elen Coppini Camioto (editora de arte) e
Christine Getschko (assist. de arte)

Revisão
Hélia de Jesus Gonsaga (ger.),
Rosângela Muricy (coord.), Ana Curci (prep.),
Ana Carolina Nitto, Claudia Virgilio,
Gabriela Macedo de Andrade, Luís Maurício Boa Nova,
Vanessa de Paula Santos e Brenda Morais (estag.)

Iconografia
Sílvio Kligin (superv.), Tamires Reis Castillo (pesquisa),
César Wolf e Fernanda Crevin (tratamento de imagem)

Ilustrações
ArtefatoZ (capa), Juan Carlos Federico (aberturas),
Ilustra Cartoon, Alexandre Matos e Roberto Higa

Direitos desta edição cedidos à Editora Scipione S.A.
Avenida das Nações Unidas, 7221, 3º andar, Setor D
Pinheiros – São Paulo – SP – CEP 05425-902
Tel.: 4003-3061
www.scipione.com.br / atendimento@scipione.com.br

2023

ISBN 978 85 262 9608 4 (AL)
ISBN 978 85 262 9607 7 (PR)
Cód. da obra CL 738975
CAE 541 721 (AL) / 541 722 (PR)
5ª edição
10ª impressão

Impressão e acabamento
Log&Print Gráfica, Dados Variáveis e Logística S.A.

CÓPIA NÃO AUTORIZADA É CRIME
ABDR
ASSOCIAÇÃO BRASILEIRA DE DIREITOS REPROGRÁFICOS
RESPEITE O DIREITO AUTORAL
EDITORA AFILIADA

Dados Internacionais de Catalogação na Publicação (CIP)
(Câmara Brasileira do Livro, SP, Brasil)

Marsico, Maria Teresa
Marcha criança : natureza e sociedade : educação infantil / Maria Teresa Marsico, Armando Coelho de Carvalho Neto. – – 5. ed. – – São Paulo : Scipione, 2015. – – (Coleção marcha criança)

Obra em 3 v.

1. Cultura (Educação infantil) 2. Meio ambiente (Educação infantil) 3. Sociedade (Educação infantil) I. Carvalho Neto, Armando Coelho de. II. Título. III. Série.

15-02826 CDD-372.21

Índices para catálogo sistemático:

1. Cultura e sociedade : Educação infantil 372.21
1. Meio ambiente : Ciências : Educação infantil 372.21

PREPARAMOS ESTE LIVRO COM MUITO CARINHO ESPECIALMENTE PARA VOCÊ. ELE ESTÁ REPLETO DE SITUAÇÕES E ATIVIDADES MOTIVADORAS, QUE CERTAMENTE DESPERTARÃO SEU INTERESSE E LHE PROPORCIONARÃO MUITAS DESCOBERTAS. ESPERAMOS QUE COM ELE VOCÊ ENCONTRE SATISFAÇÃO NO CONSTANTE DESAFIO DE APRENDER!

OS AUTORES

Os textos sem referência são de autoria de Maria Teresa Marsico e Armando Coelho.

CONHEÇA SEU LIVRO

COM A COLEÇÃO **MARCHA CRIANÇA** VOCÊ APRENDE BRINCANDO!

RODA DE CONVERSA

EM CADA INÍCIO DE UNIDADE, VOCÊ SERÁ CONVIDADO A TROCAR EXPERIÊNCIAS, CONVERSANDO COM SEUS COLEGAS SOBRE ASSUNTOS VARIADOS.

O TEMA É...

ESTA SEÇÃO VAI FAZER VOCÊ REFLETIR E COMPREENDER MELHOR O MUNDO EM QUE VIVEMOS.

MATERIAL DE APOIO E ADESIVOS

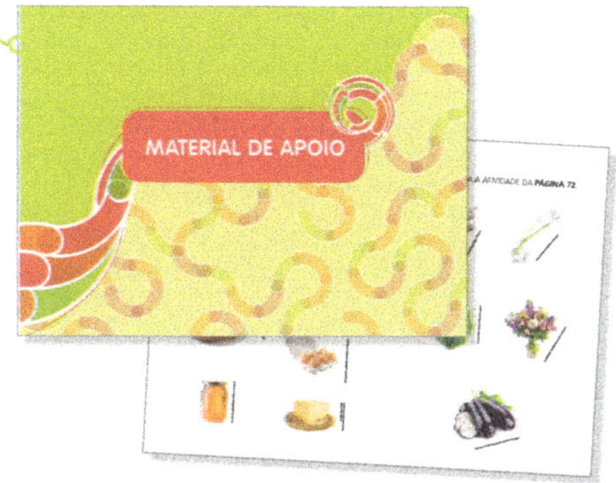

NO FINAL DO LIVRO, VOCÊ ENCONTRARÁ MATERIAIS PARA REALIZAR ALGUMAS ATIVIDADES DE MANEIRA DIVERTIDA.

FAZENDO ARTE

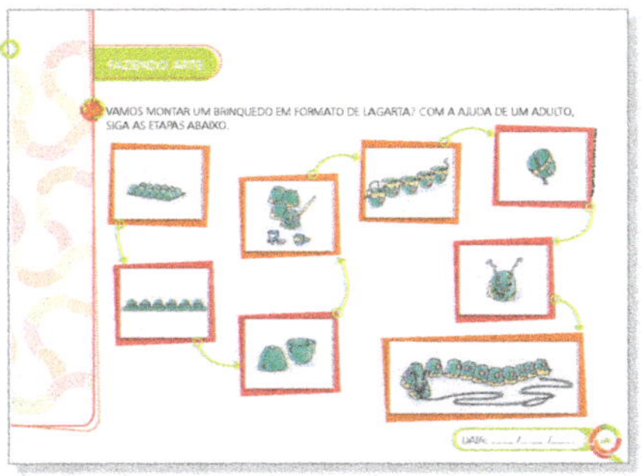

ESTA SEÇÃO TRAZ PROPOSTAS DE ATIVIDADES ARTÍSTICAS, ÓTIMAS PARA DESENVOLVER A CRIATIVIDADE.

HORA DA DESCOBERTA

ESTA SEÇÃO REVELA COMO FAZER EXPERIMENTOS INCRÍVEIS, QUE TORNARÃO SEU APRENDIZADO AINDA MAIS ESTIMULANTE.

HORA DE BRINCAR

NESTA SEÇÃO, VOCÊ VAI SE DIVERTIR COM JOGOS, BRINCADEIRAS E PASSATEMPOS MUITO INTERESSANTES!

SUGESTÕES PARA O ALUNO

NESTAS PÁGINAS, INDICAÇÕES DE LIVROS, CDs E DVDs PARA COMPLEMENTAR OS TEMAS ESTUDADOS.

ALMANAQUE DE DATAS COMEMORATIVAS

ESTE É UM MATERIAL À PARTE. COM ELE, VOCÊ VAI EXERCITAR O TRAÇADO DAS LETRAS.

ÍCONES

AO LONGO DO LIVRO VOCÊ VAI ENCONTRAR OS ÍCONES A SEGUIR, QUE DÃO DICAS SOBRE AS ATIVIDADES.

ADESIVO — EXPRESSÃO ORAL

COLAGEM — LEITURA

CONFECÇÃO — PERCEPÇÃO VISUAL

DESENHO — PINTURA

EXPRESSÃO CORPORAL — TRAÇADO

SUMÁRIO

Ilustrações: Juan Carlos Federico/Arquivo da editora

UNIDADE 1
CONHECENDO VOCÊ

Juan Carlos Federico/Arquivo da editora

RODA DE CONVERSA

PRESTE ATENÇÃO À LEITURA DO TEXTO.

TODAS AS COISAS TÊM NOME:
CASA, JANELA E JARDIM.
COISAS NÃO TÊM SOBRENOME,
MAS A GENTE SIM.
TODAS AS FLORES TÊM NOME:
ROSA, CAMÉLIA E JASMIM.
FLORES NÃO TÊM SOBRENOME,
MAS A GENTE SIM.
[...]

CANÇÃO "GENTE TEM SOBRENOME", DO CD **CANÇÃO DE TODAS AS CRIANÇAS**, DE TOQUINHO E ELIFAS ANDREATO. PHILIPS, 1987.

Alexandre Matos/Arquivo da editora

COMO VOCÊ SE CHAMA? APRESENTE-SE AO PROFESSOR E AOS COLEGAS.

DATA: _____ /_____ /_____

VOCÊ

COM A AJUDA DE UM ADULTO, ESCREVA SEU NOME E SOBRENOME NA ETIQUETA ABAIXO.

Alexandre Matos/Arquivo da editora

DATA: _____ /_____ /_____

PEDRO TEM UMA DÚVIDA. ACOMPANHE A LEITURA E DESCUBRA O QUE ELE QUER SABER.

PEDRO PERGUNTA PARA A MÃE:
— QUEM SOU EU?
— VOCÊ — RESPONDE A MÃE — É MEU FILHO.
— E QUE MAIS?
— VOCÊ TAMBÉM É UM MENINO.
"FILHO, MENINO", PENSA PEDRO.
"E QUE MAIS?"
PEDRO PERGUNTA PARA LAURA:
— QUEM SOU EU?
— VOCÊ É MEU IRMÃO — RESPONDE LAURA.
PEDRO PENSA:
"FILHO, MENINO, IRMÃO..." [...]

QUEM SOU EU?, DE GIANNI RODARI.
SÃO PAULO: SALAMANDRA, 2013.

Ilustra Cartoon/Arquivo da editora

OS DOCUMENTOS TRAZEM INFORMAÇÕES SOBRE NOSSA VIDA E SÃO A PROVA DE QUE ESSAS INFORMAÇÕES SÃO VERDADEIRAS. VOCÊ JÁ VIU ALGUM DOCUMENTO?

MARQUE COM UM **X** OS DOCUMENTOS QUE VOCÊ TEM.

Reprodução/Arquivo da editora

☐ CERTIDÃO DE NASCIMENTO

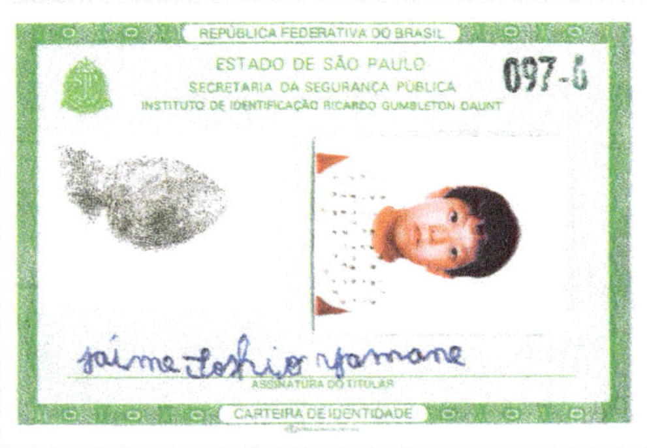

Jaime Yamane/Arquivo da editora

☐ CARTEIRA DE IDENTIDADE

Reprodução/Arquivo da editora

☐ CARTEIRA DE VACINAÇÃO

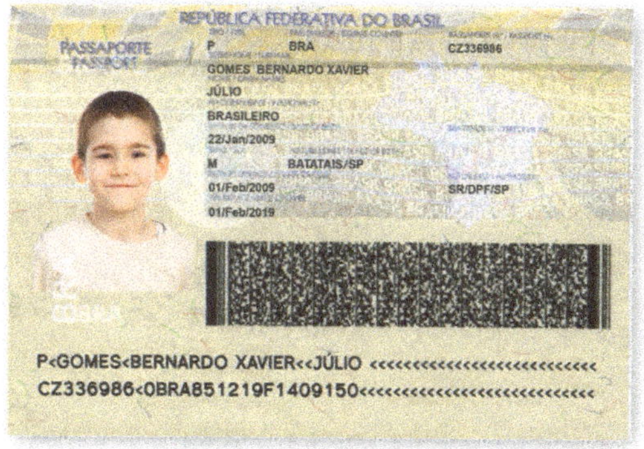

Reprodução/Arquivo da editora

☐ PASSAPORTE

CONVERSE COM SEUS COLEGAS E SEU PROFESSOR SOBRE OS DOCUMENTOS ACIMA.

PEÇA A SEUS FAMILIARES PARA VER ALGUM DOCUMENTO.

DATA: _____ /_____ /_____

PEÇA A AJUDA DE SEUS FAMILIARES E PREENCHA A FICHA A SEGUIR.

COLE AQUI SUA FOTO OU UM DESENHO DO SEU ROSTO.

NOME: ______________________________

____

VOCÊ É:

☐ MENINO ☐ MENINA

IDADE: ______________________________

COR DOS OLHOS: ______________________________

COR DOS CABELOS: ______________________________

VOCÊ TEM IRMÃO OU IRMÃ?

☐ SIM ☐ NÃO

DATA: _____ /_____ /_____

CIRCULE O DIA, O MÊS E O ANO DE SEU NASCIMENTO.

DIA

1	2	3	4	5	6	7	8	9	10
11	12	13	14	15	16	17	18	19	20
21	22	23	24	25	26	27	28	29	30
31									

MÊS

Janeiro	Fevereiro	Março	Abril
Maio	Junho	Julho	Agosto
Setembro	Outubro	Novembro	Dezembro

ANO

2007	2008	2009	2010	2011
2012	2013	2014	2015	

Ilustra Cartoon/Arquivo da editora

DATA: _____ /_____ /_____

QUANDO NASCEMOS DAMOS INÍCIO À FASE DA INFÂNCIA. VEJA ALGUNS MOMENTOS DA VIDA DE UMA CRIANÇA.

PINTE DE [azul] O BRINQUEDO QUE ESSA CRIANÇA PODERIA TER USADO QUANDO ERA UM BEBÊ.

PINTE DE [vermelho] O BRINQUEDO QUE ELA PODERIA TER USADO QUANDO TINHA 3 ANOS.

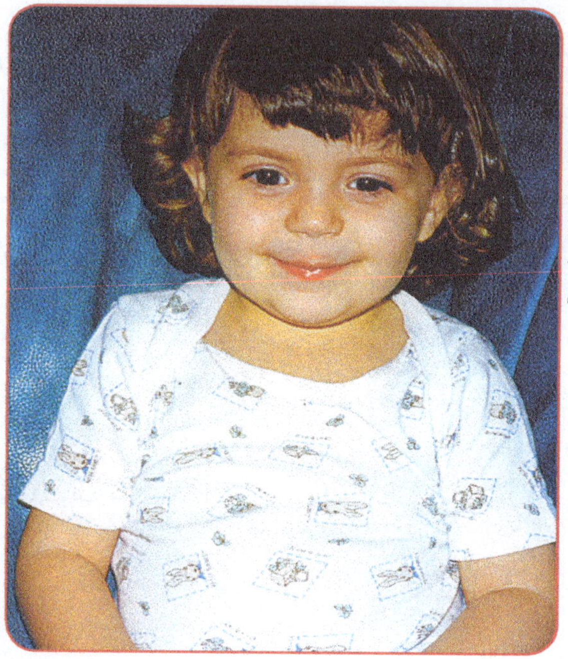

Fotos: Agostinho de Paula/Acervo do fotógrafo

Ilustrações: Ilustra Cartoon/Arquivo da editora

QUANDO SE SABE DO QUE AS PESSOAS GOSTAM, É POSSÍVEL CONHECÊ-LAS UM POUCO MELHOR. PINTE AS CENAS DE SITUAÇÕES QUE DEIXAM VOCÊ FELIZ E FAÇA UM **X** NAS CENAS DE SITUAÇÕES QUE DEIXAM VOCÊ TRISTE.

Ilustrações: Ilustra Cartoon/Arquivo da editora

DATA: _____ /_____ /_____

DO QUE VOCÊ MAIS GOSTA DE BRINCAR? FAÇA UM **X** NAS CENAS QUE MOSTRAM SUAS BRINCADEIRAS FAVORITAS.

greenland/Shutterstock/Glow Images

Noam Armonn/Shutterstock/Glow Images

Asia Images Group/Getty Images

Jupiterimages/Getty Images

2xSamara.com/Shutterstock/Glow Images

Len4ik/Shutterstock/Glow Images

DATA: _____ /_____ /_____

DESENHE OU ESCREVA O QUE VOCÊ FAZ AO LONGO DE UM DIA.

PELA MANHÃ

À TARDE

À NOITE

DATA: _____ /_____ /_____

FAMÍLIA

CADA FAMÍLIA TEM UMA HISTÓRIA E UM JEITO PRÓPRIO DE VIVER. OBSERVE AS CENAS A SEGUIR.

FELIPE É FILHO ÚNICO. ELE MORA COM A MÃE E OS AVÓS.

CAROL, VÍTOR E LEONARDO MORAM COM OS PAIS, OS AVÓS E UM TIO.

Ilustrações: Ilustra Cartoon/Arquivo da editora

DIOGO E CATARINA MORAM COM A TIA E A MÃE.

LETÍCIA É FILHA ÚNICA. ELA MORA COM A MÃE.

SUA FAMÍLIA SE PARECE COM ALGUMA DESSAS APRESENTADAS AQUI? COMO ELA É? CONVERSE COM OS COLEGAS E O PROFESSOR SOBRE ISSO.

DATA: ____ /____ /____

GUGA QUERIA SABER COMO SE FORMOU A FAMÍLIA DELE. COM A AJUDA DO PAI, ELE MONTOU UM QUADRO COM IMAGENS E NOMES DE PESSOAS DA FAMÍLIA, COMEÇANDO PELOS AVÓS ATÉ CHEGAR NELE.

VEJA A SEGUIR COMO FICOU.

Ilustra Cartoon/Arquivo da editora

VOCÊ SABE COMO SE FORMOU SUA FAMÍLIA? PEÇA AJUDA A UM ADULTO QUE MORA COM VOCÊ E FAÇA A SUA ÁRVORE GENEALÓGICA NO QUADRO ABAIXO. DESENHE AS PESSOAS OU COLE FOTOS E ESCREVA O NOME DE CADA UMA DELAS.

DATA: _____ /_____ /_____

OBSERVE AS CENAS A SEGUIR E PINTE AQUELAS QUE MOSTRAM SEU JEITO DE AJUDAR AS PESSOAS QUE MORAM EM SUA CASA.

Ilustrações: Ilustra Cartoon/Arquivo da editora

VOCÊ COLABORA COM A SUA FAMÍLIA DE OUTRAS MANEIRAS? CONTE AOS COLEGAS.

DATA: _____ /_____ /_____

FAÇA UM QUADRO COM FOTOS DE ATIVIDADES QUE VOCÊ COSTUMA REALIZAR COM A SUA FAMÍLIA AOS SÁBADOS, DOMINGOS OU FERIADOS. SE PREFERIR, DESENHE.

AGORA CONTE AOS SEUS COLEGAS: QUEM SÃO ESSAS PESSOAS? QUAL É O NOME DELAS? TODAS MORAM NA SUA CASA?

DATA: _____ /_____ /_____

CORPO HUMANO

O CORPO HUMANO É FORMADO POR DIFERENTES PARTES.
DESTAQUE OS **ADESIVOS** DO FINAL DO LIVRO E COLE-OS AQUI, FORMANDO O CORPO DE UM MENINO.

DATA: ____ /____ /____

LEIA AS PALAVRAS OBSERVANDO AS PARTES DO CORPO QUE AS SETAS INDICAM.

Fotos: DAJ/Getty Images

O CORPO HUMANO TEM MUITAS PARTES EM PARES. OBSERVE AS FIGURAS.

O JOGADOR DE FUTEBOL TEM DUAS PERNAS.

Ilustrações: Ilustra Cartoon/Arquivo da editora

O JOGADOR DE VÔLEI TEM DUAS MÃOS.

DESENHE OUTRAS PARTES DO CORPO QUE SEJAM EM PARES E ESCREVA O NOME DELAS.

DATA: _____ /_____ /_____

HORA DE BRINCAR

CANTE COM SEUS COLEGAS A CANTIGA A SEGUIR, TOCANDO AS PARTES INDICADAS.

CABEÇA, OMBRO, JOELHO E PÉ,
JOELHO E PÉ.
CABEÇA, OMBRO, JOELHO E PÉ,
JOELHO E PÉ.
OLHOS, ORELHA, BOCA E NARIZ.
CABEÇA, OMBRO, JOELHO E PÉ,
JOELHO E PÉ.

CANTIGA POPULAR

Ilustra Cartoon/Arquivo da editora

O QUE SERÁ QUE SUSTENTA O NOSSO CORPO?
PARA DESCOBRIR, COLOQUE ESTA PÁGINA CONTRA A LUZ.

TEM EM VELHO E TEM EM MOÇO.
SE É BEM MAGRO, ELE APARECE.
ADIVINHE! ELE É O OSSO!
VIVA! BRAVO! ESSE MERECE!
MUITOS OSSOS TENHO EU
PRA FORMAR MEU ESQUELETO.
SE UM DIA ELES SUMIREM,
EU DESMONTO, EU ME DERRETO.

POESIAS PARA CRIANÇAS, DE EVELYN HEINE. SÃO PAULO: TODOLIVRO, 2006.

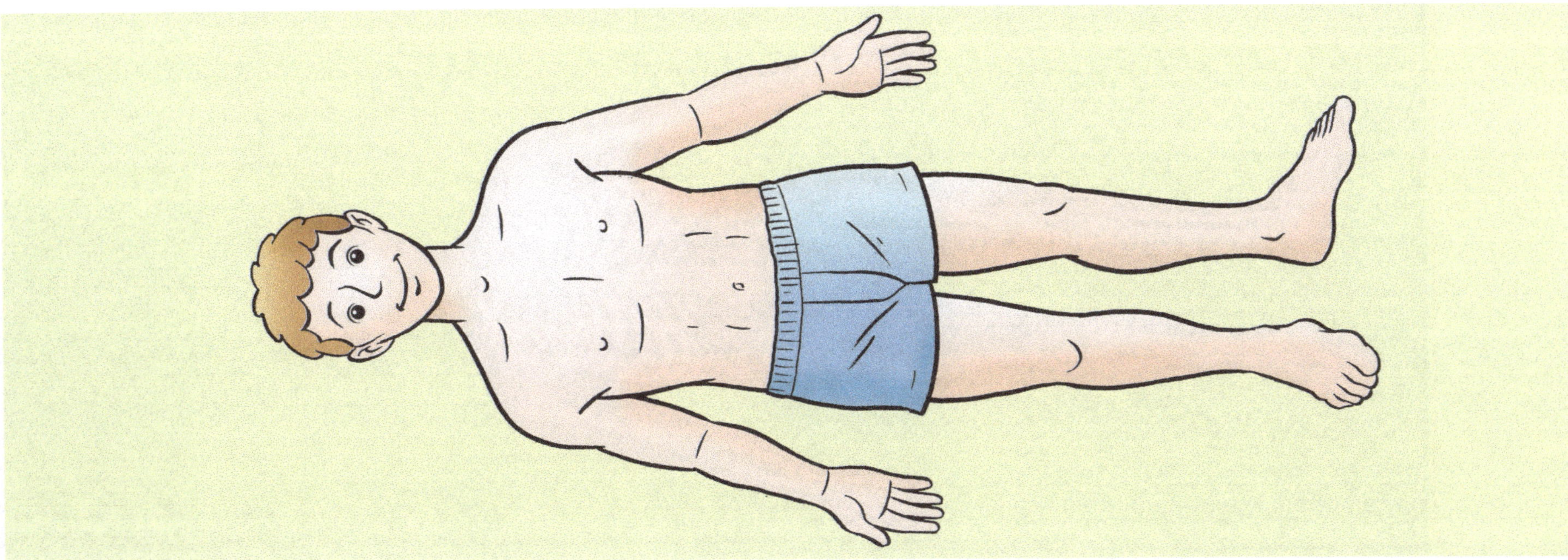

Ilustra Cartoon/Arquivo da editora

O QUE SUSTENTA O NOSSO CORPO É O ESQUELETO HUMANO.

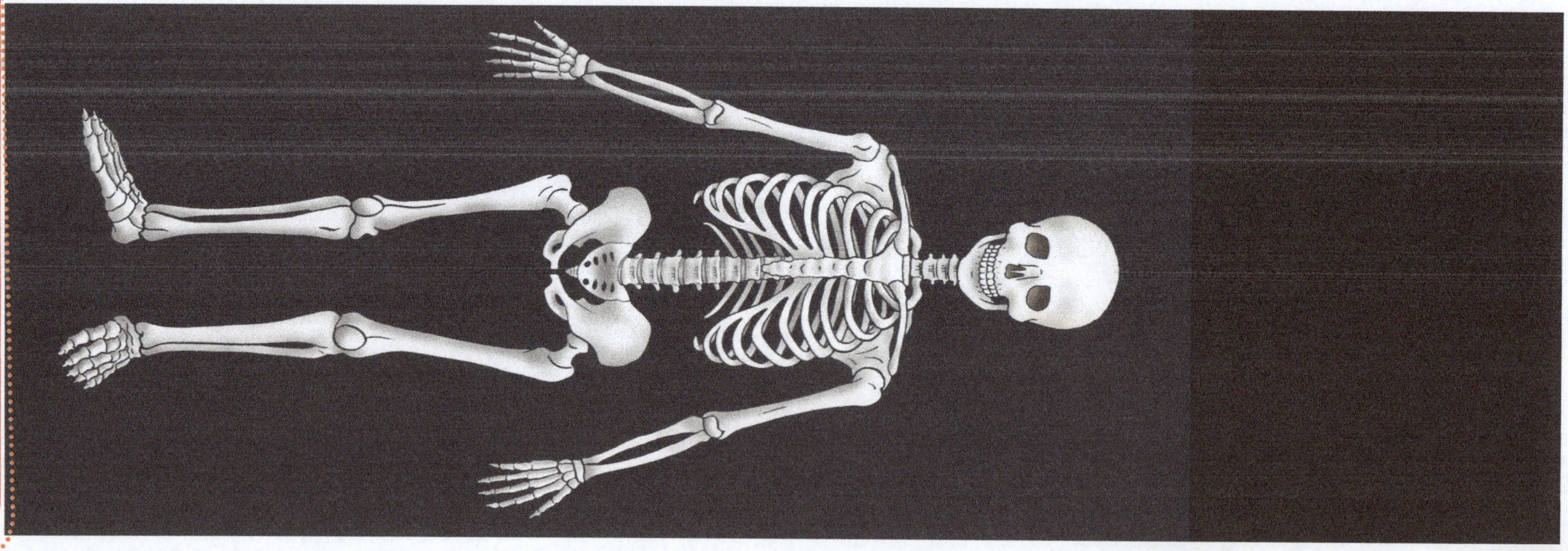

Roberto Higa/Arquivo da editora

OS MOVIMENTOS DO CORPO HUMANO SÃO REALIZADOS PELOS MÚSCULOS. VEJA AS FOTOS E IMITE OS MOVIMENTOS QUE AS CRIANÇAS ESTÃO FAZENDO.

Alena Ozerova/Shutterstock/Glow Images

Sergey Novikov/Shutterstock/Glow Images

Monkey Business Images/Shutterstock/Glow Images

Jacek Chabraszewski/Shutterstock/Glow Images

Tatyana Vyc/Shutterstock/Glow Images

QUE MOVIMENTO VOCÊ MAIS GOSTOU DE FAZER?

DATA: _____ /_____ /_____

SINTA OS OSSOS DE SEU ROSTO, DAS MÃOS, DOS PÉS, DOS BRAÇOS E DAS PERNAS. DEPOIS FAÇA UM **X** NA FIGURA QUE MOSTRA OS OSSOS DA PARTE DO CORPO QUE VOCÊ PERCEBEU MAIS FACILMENTE.

Ilustrações: Ilustra Cartoon/Arquivo da editora

AGORA SINTA OS MÚSCULOS DOS SEUS BRAÇOS E DAS SUAS PERNAS E FAÇA UM **X** NA FIGURA QUE MOSTRA OS MÚSCULOS DA PARTE DO CORPO QUE VOCÊ PERCEBEU MAIS FACILMENTE.

DATA: _____ /_____ /_____

CINCO SENTIDOS

OS OLHOS CONSTITUEM O ÓRGÃO DA **VISÃO**. COM ELES, IDENTIFICAMOS CORES, CONTORNOS, FORMAS E CONSEGUIMOS VER AS COISAS DE LONGE OU DE PERTO.

DESENHE SEUS OLHOS NO QUADRO ABAIXO E PINTE-OS.

DATA: _____ /_____ /_____

USE SUA VISÃO PARA DESCOBRIR QUAIS SÃO AS SETE DIFERENÇAS ENTRE OS DESENHOS ABAIXO.

Ilustra Cartoon/Arquivo da editora

DATA: _____ /_____ /_____

O NARIZ É O ÓRGÃO DO **OLFATO**. COM ELE, IDENTIFICAMOS ODORES AGRADÁVEIS, COMO O DE UM ALIMENTO GOSTOSO, OU DESAGRADÁVEIS, COMO O DO LIXO.
OLHE AS FIGURAS A SEGUIR E FAÇA UM **X** NO NARIZ QUE MAIS SE PARECE COM O SEU.

Robin D. Williams/Shutterstock/Glow Images

Steve Snowden/Shutterstock/Glow Images

Rafal Olechowski/Shutterstock/Glow Images

Chepko Danil Vitalevich/Shutterstock/Glow Images

ASSINALE O QUE, EM SUA OPINIÃO, TEM CHEIRO AGRADÁVEL.

Vitaly Netiaga/Shutterstock/Glow Images

Shcherbakov Ilya/Shutterstock/Glow Images

Elisanth/Shutterstock/Glow Images

Kamonrat/Shutterstock/Glow Images

DATA: _____ /_____ /_____

QUAL É O CHEIRO QUE VOCÊ MAIS GOSTA DE SENTIR? FAÇA UM DESENHO QUE O REPRESENTE NO QUADRO ABAIXO. DEPOIS MOSTRE SEU DESENHO A UM COLEGA E EXPLIQUE POR QUE VOCÊ GOSTA DESSE CHEIRO.

DATA: _____ /_____ /_____

A LÍNGUA É O ÓRGÃO DA **GUSTAÇÃO**. POR MEIO DELA, SENTIMOS O SABOR DOS ALIMENTOS: DOCE, SALGADO, AZEDO E AMARGO. ACOMPANHE A LEITURA DA TIRINHA:

AGORA DESENHE E PINTE O ALIMENTO QUE POSSUI O SABOR DE QUE VOCÊ MAIS GOSTA.

DATA: _____ /_____ /_____

PINTE OS QUADRADINHOS CONFORME O SABOR DOS ALIMENTOS.

DOCE | SALGADO | AZEDO | AMARGO

Johan Swanepoel/ Shutterstock/Glow Images

MEL

Dan Perez/Shutterstock/Glow Images

MACARRONADA

Valentyn Volkov/Shutterstock/Glow Images

LIMÃO

Elena Elisseeva/Shutterstock/Glow Images

SORVETE

Sergio Bondioni/Alamy/Other Images

JILÓ

Bola_BR/Shutterstock/Glow Images

PÃO

Elena Schweitzer/Shutterstock/ Glow Images

RÚCULA

DATA: ____ / ____ / ____

A **AUDIÇÃO** É O SENTIDO QUE NOS PERMITE OUVIR OS SONS DO AMBIENTE. AS ORELHAS SÃO OS ÓRGÃOS DA AUDIÇÃO. RECORTE, DE JORNAIS E REVISTAS, FIGURAS DE ORELHAS E COLE-AS ABAIXO.

FIQUE EM SILÊNCIO UM POUQUINHO E PRESTE ATENÇÃO NOS BARULHOS AO SEU REDOR. QUAIS FORAM OS SONS QUE VOCÊ OUVIU? ESCREVA SUA RESPOSTA COM A AJUDA DO PROFESSOR.

DATA: _____ /_____ /_____

A PELE É O ÓRGÃO DO **TATO**. É POR MEIO DA PELE QUE IDENTIFICAMOS SE UM OBJETO É ÁSPERO OU MACIO, SE ESTÁ SECO OU MOLHADO, SE ESTÁ QUENTE OU FRIO.

DIGA AOS COLEGAS E AO PROFESSOR O QUE VOCÊ SENTE EM CADA SITUAÇÃO A SEGUIR.

FECHE OS OLHOS. PEÇA A UM COLEGA QUE LHE DÊ OBJETOS DIFERENTES PARA TOCAR. ELES SÃO ÁSPEROS OU MACIOS?

VOCÊ CONSEGUE ADIVINHAR QUAIS SÃO OS OBJETOS USANDO OS PÉS? DE QUE MATERIAL ELES SÃO FEITOS?

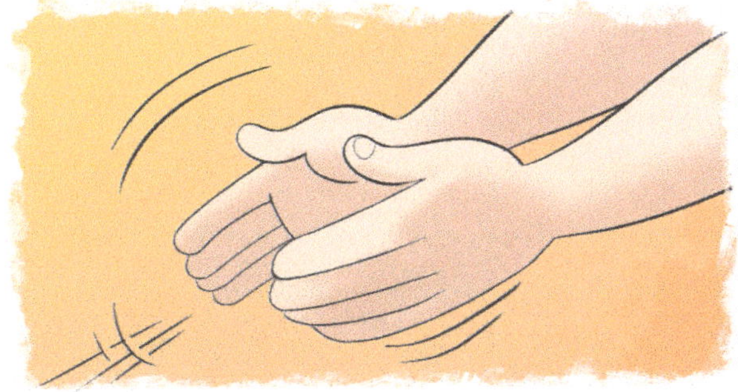

ESFREGUE AS MÃOS RAPIDAMENTE. COMO ELAS FICAM?

Ilustrações: Ilustra Cartoon/Arquivo da editora

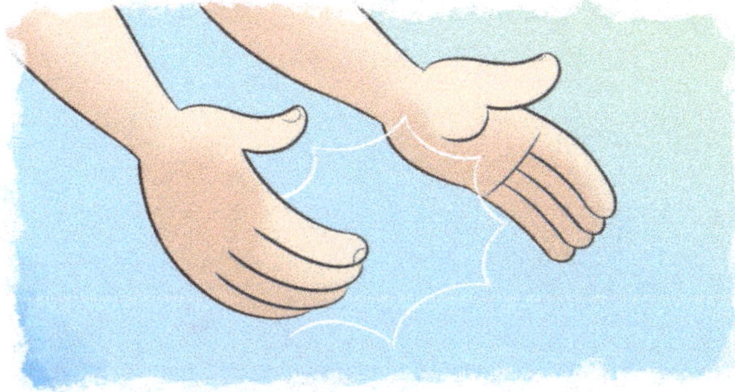

BATA PALMAS COM FORÇA. O QUE VOCÊ SENTE NAS MÃOS?

COLOQUE UMA DAS MÃOS EM ÁGUA MORNA E A OUTRA EM ÁGUA GELADA. CONTE ATÉ DEZ.

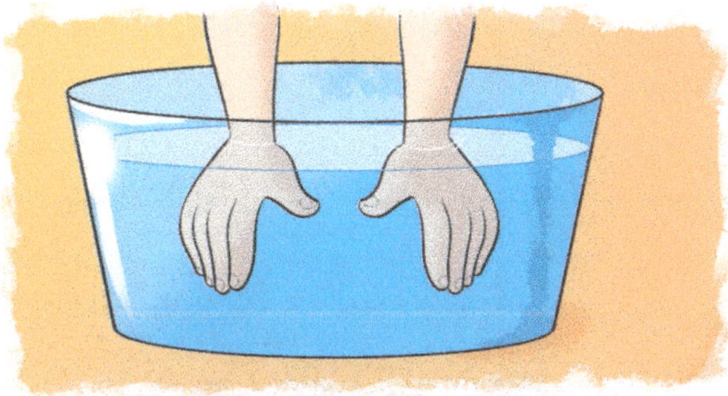

AGORA, COLOQUE AS DUAS MÃOS EM ÁGUA FRIA. O QUE VOCÊ SENTE NAS MÃOS?

EU E MEU CORPO, DE DAVID EVANS E CLAUDETTE WILLIAMS. SÃO PAULO: ÁTICA, 1996. (TEXTO ADAPTADO).

DATA: _____ /_____ /_____

HIGIENE

PARA SER SAUDÁVEL, É NECESSÁRIO TER ALGUNS CUIDADOS COM O CORPO. OBSERVE AS CRIANÇAS E PINTE AS CENAS QUE MOSTRAM O QUE ELAS DEVEM FAZER.

Ilustrações: Ilustra Cartoon/Arquivo da editora

DATA: _____ /_____ /_____

MARQUE COM UM **X** AS CENAS EM QUE AS PESSOAS ESTÃO CUIDANDO DA HIGIENE DO CORPO.

Ilustrações: Ilustra Cartoon/Arquivo da editora

DATA: _____ /_____ /_____

O TEMA É...

HIGIENE BUCAL!

VOCÊ COSTUMA ESCOVAR OS DENTES? QUANTAS VEZES POR DIA?
CONHEÇA DOIS HÁBITOS DE HIGIENE IMPORTANTES PARA MANTER SUA BOCA LIMPA E SAUDÁVEL.

ESCOVAR BEM OS DENTES

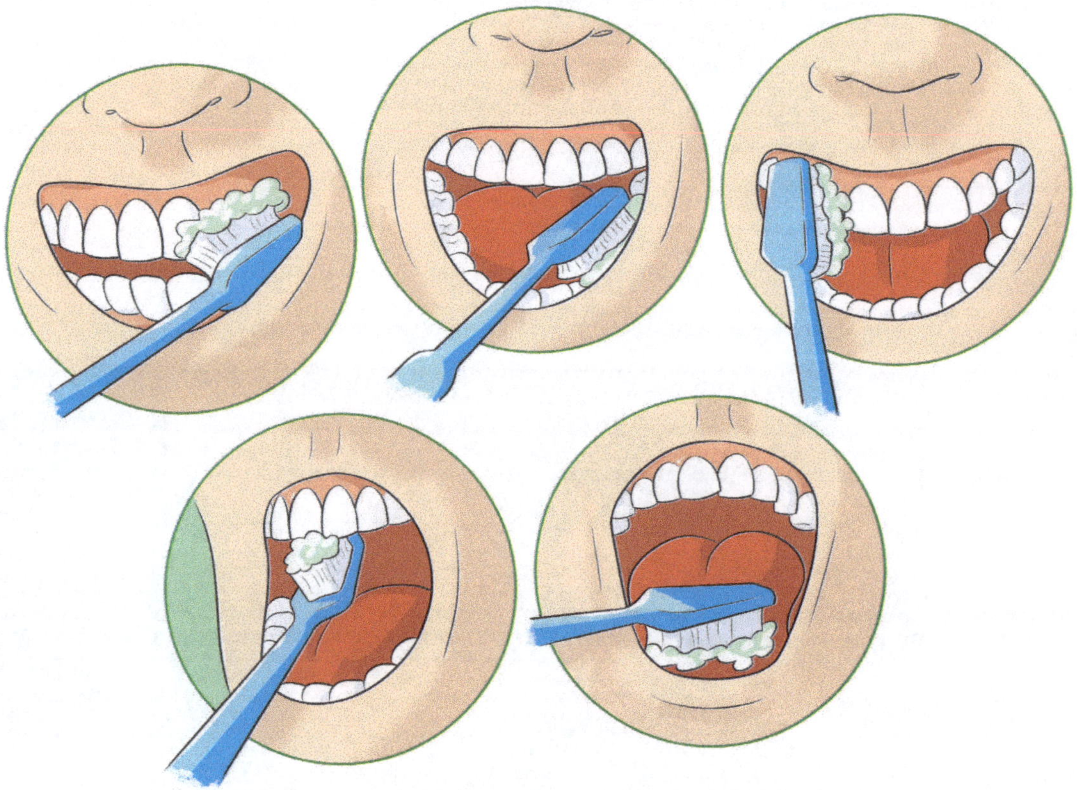

USAR O FIO DENTAL

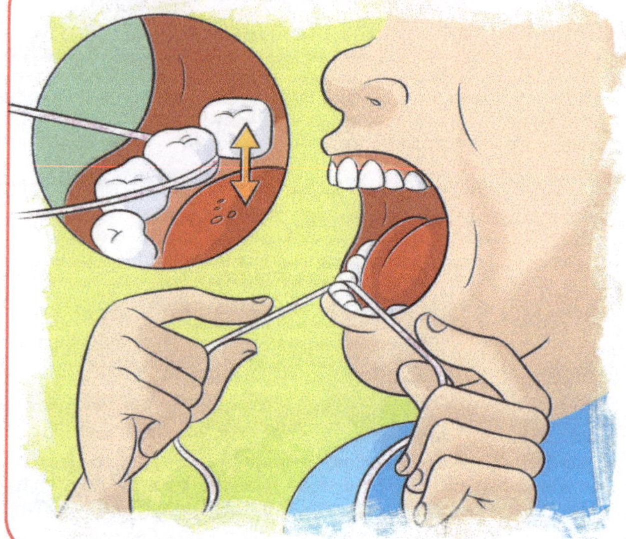

Ilustrações: Ilustra Cartoon/Arquivo da editora

VOCÊ COSTUMA ESCOVAR OS DENTES APÓS AS REFEIÇÕES? VISITA REGULARMENTE O DENTISTA? TROQUE INFORMAÇÕES COM O PROFESSOR E OS COLEGAS.

ALIMENTAÇÃO SAUDÁVEL

UMA BOA ALIMENTAÇÃO PERMITE O CRESCIMENTO DE UMA CRIANÇA FORTE E SADIA. DESENHE NOS QUADROS OS ALIMENTOS QUE VOCÊ COSTUMA CONSUMIR EM CADA UMA DAS REFEIÇÕES.

CAFÉ DA MANHÃ

ALMOÇO

LANCHE

JANTAR

VOCÊ TEM UMA ALIMENTAÇÃO SAUDÁVEL? CONVERSE COM SEUS COLEGAS E COM O PROFESSOR.

DATA: _____ /_____ /_____

PARA CONSEGUIRMOS A ENERGIA NECESSÁRIA AO NOSSO CORPO, PRECISAMOS TER UMA ALIMENTAÇÃO ADEQUADA.
ASSINALE COM UM **X** OS ALIMENTOS SAUDÁVEIS.

Júlio Costa/Futura Press

Jacek/kino.com.br

Elena Elisseeva/Shutterstock/Glow Images

Valentyn Volkov/Shutterstock/Glow Images

Katariina Järvinen/Shutterstock/Glow Images

GrigoryL/Shutterstock/Glow Images

DATA: _____ /_____ /_____

HORA DA DESCOBERTA

PLANTAR UMA SEMENTE

PLANTAR ÁRVORES É UMA ATITUDE QUE AJUDA A PRESERVAR O MEIO AMBIENTE. PARA IR TREINANDO, COMECE PLANTANDO UMA SEMENTE DE ALPISTE!

Ilustra Cartoon/Arquivo da editora

DATA: _____ /_____ /_____

PLANTAR UMA SEMENTE

MATERIAL NECESSÁRIO

- VASO
- TERRA
- SEMENTE DE ALPISTE

VEJA COMO É FÁCIL:

SEPARE UM CAIXOTE OU UM VASO LIMPO E ENCHA-O DE TERRA.

DEPOIS COLOQUE A SEMENTINHA NA TERRA.

DEIXE O SEU VASO EM LOCAL ILUMINADO E REGUE-O TODOS OS DIAS.

EM POUCOS DIAS, A PLANTA GERMINARÁ. EM ALGUMAS SEMANAS, JÁ ESTARÁ GRANDE.

Fotos: Renata Martins/Arquivo da editora

DATA: _____ /_____ /_____

UNIDADE 2
TUDO É NATUREZA

Juan Carlos Federico/Arquivo da editora

RODA DE CONVERSA

TUDO O QUE EXISTE EM NOSSO PLANETA FAZ PARTE DA NATUREZA: AS PLANTAS, AS PESSOAS, OS ANIMAIS, O MAR, AS MONTANHAS...

NESTE MUNDO TÃO GRANDÃO,
QUEM É SÁBIO LOGO SENTE:
QUE BELEZA A CRIAÇÃO!
NOSSA TERRA É UM PRESENTE!

POESIAS PARA CRIANÇAS, DE EVELYN HEINE.
SÃO PAULO: TODOLIVRO, 2006.

Ilustra Cartoon/Arquivo da editora

COMO VOCÊ SE SENTE VIVENDO EM UM PLANETA TÃO CHEIO DE DIVERSIDADE COMO A TERRA?

DATA: _____ /_____ /_____

NATUREZA

PINTE A PAISAGEM A SEGUIR E OBSERVE OS SERES QUE APARECEM NELA.

Ilustra Cartoon/Arquivo da editora

DATA: _____ /_____ /_____

NÓS SOMOS SERES VIVOS, POIS NASCEMOS, CRESCEMOS, PODEMOS NOS REPRODUZIR E MORREMOS.

AS PLANTAS, OS PÁSSAROS E OS OUTROS ANIMAIS TAMBÉM SÃO SERES VIVOS.

NUMERE CORRETAMENTE AS CENAS A SEGUIR OBSERVANDO A ORDEM DOS FATOS.

Ilustrações: Ilustra Cartoon/Arquivo da editora

DATA: _____ /_____ /_____

HORA DE BRINCAR

DESTAQUE AS PEÇAS DAS PÁGINAS 5 E 7 DO **MATERIAL DE APOIO** E BRINQUE DE JOGO DO MICO COM SEUS COLEGAS. SIGA AS INSTRUÇÕES ABAIXO.

ESCOLHA DOIS AMIGOS PARA O JOGO.

EMBARALHE AS CARTAS E DEPOIS AS DISTRIBUA ENTRE OS JOGADORES.

FORME PARES DE CARTAS, JUNTANDO O ANIMAL AO FILHOTE. DEIXE OS PARES FORMADOS NA MESA E MANTENHA AS OUTRAS CARTAS EM SUAS MÃOS SEM QUE SEUS COLEGAS VEJAM AS FIGURAS.

Ilustrações: Ilustra Cartoon/ Arquivo da editora

DEPOIS QUE TODOS TIVEREM COLOCADO OS PARES NA MESA, UM DOS JOGADORES DEVE RETIRAR UMA CARTA DO JOGADOR SENTADO AO SEU LADO. SE ELE CONSEGUIR FORMAR UM PAR COM ESSA CARTA, DEVE COLOCAR O PAR NA MESA. SE NÃO CONSEGUIR, DEVE MANTER A CARTA NAS MÃOS.

O PRÓXIMO JOGADOR DEVE FAZER O MESMO QUE O ANTERIOR. O PRIMEIRO QUE FICAR SEM CARTAS NAS MÃOS SERÁ O VENCEDOR.

OS OUTROS JOGADORES CONTINUAM O JOGO. PERDE QUEM FICAR COM O MICO.

DATA: _____ /_____ /_____

HÁ TAMBÉM ELEMENTOS SEM VIDA NA NATUREZA.
ENCONTRE ESSES SERES E CIRCULE-OS.

ANIMAIS

VOCÊ GOSTA DE ANIMAIS? CONHEÇA A DANÇA DOS BICHOS E DIVIRTA-SE COM SEUS COLEGAS.

A DANÇA DOS BICHOS

ESTA É A DANÇA DOS BICHOS
PALMA-PATA-PÉ-PÉ-PÉ
ESTA É A DANÇA DOS BICHOS
E AÍ: QUE BICHO VOCÊ É?

DANÇA PASSARINHO
DANÇA PERERECA
DANÇA PERU
DANÇA CANGURU

DANÇA BICHO-GRILO
DANÇA JACARÉ
DANÇA URUBU
DANÇA CHIMPANZÉ

ESTA É A DANÇA DOS BICHOS
PALMA-PATA-PÉ-PÉ-PÉ
ESTA É A DANÇA DOS BICHOS
E AÍ: QUE BICHO VOCÊ É?

É GATO OU CACHORRO?
RATO OU LEÃO?
COELHO OU TARTARUGA?
PORQUINHO OU LOBÃO?
PERUA OU BARATA?
PAVÃO OU TUBARÃO?
É BICHO-DA-SEDA?
OU BICHO-PAPÃO?

CAMALEÃO?

ESTA É A DANÇA DOS BICHOS
PALMA-PATA-PÉ-PÉ-PÉ
ESTA É A DANÇA DOS BICHOS
E AÍ: QUE BICHO VOCÊ É?

A DANÇA DOS BICHOS, DE EDGARD POÇAS. SÃO PAULO: COMPANHIA EDITORA NACIONAL, 2008.

Alexandre Matos/Arquivo da editora

DATA: _____ /_____ /_____

VEJA A IMAGEM DE ALGUNS BICHOS CITADOS NA MÚSICA DA PÁGINA ANTERIOR.
O QUE VOCÊ SABE SOBRE ELES? CONVERSE SOBRE ISSO COM O PROFESSOR E OS COLEGAS.

Marcin Perkowski/Shutterstock/Glow Images

PASSARINHO

DrMorleyRead/Shutterstock/Glow Images

PERERECA

Jeffbanke/Shutterstock/Glow Images

PERU

Rafael Ramirez/Shutterstock/Glow Images

CANGURU

rm/Shutterstock/Glow Images

JACARÉ

Keith levit/Shutterstock/Glow Images

LEÃO

Nikola Spasenoski/Shutterstock/Glow Images

COELHO

Jurie Maree/Shutterstock/Glow Images

TARTARUGA

DATA: _____ /_____ /_____

MARCHA CRIANÇA

EDUCAÇÃO INFANTIL

3

ALMANAQUE DE DATAS COMEMORATIVAS

NATUREZA E SOCIEDADE

editora scipione

MARCHA CRIANÇA

EDUCAÇÃO INFANTIL

3

ALMANAQUE DE DATAS COMEMORATIVAS

NATUREZA E SOCIEDADE

OS TEXTOS SEM REFERÊNCIA SÃO DE AUTORIA DE MARIA TERESA MARSICO E ARMANDO COELHO.

editora scipione

editora scipione

Diretoria de conteúdo e inovação pedagógica
Mário Ghio Júnior
Diretoria editorial
Lidiane Vivaldini Olo
Gerência editorial
Luiz Tonolli
Editoria de Anos Iniciais
Tatiany Telles Renó
Edição
Tatiany Telles Renó e
Nathalia de Oliveira Matsumoto
Arte
Ricardo de Gan Braga (superv.),
Andréa Dellamagna (coord. de criação),
Gláucia Correa Koller (progr. visual de capa e miolo),
Elen Coppini Camioto (editora de arte) e
Christine Getschko (assist. de arte)
Revisão
Hélia de Jesus Gonsaga (ger.),
Rosângela Muricy (coord.), Ana Curci,
Vanessa de Paula Santos
e Brenda Morais (estag.)
Iconografia
Sílvio Kligin (superv.), Tamires Reis Castillo (pesquisa),
César Wolf e Fernanda Crevin (tratamento de imagem)
Ilustrações
Ilustra Cartoon, Alexandre Matos e Roberto Higa
Foto da capa: Jane0606/Shutterstock/Glow Images

Direitos desta edição cedidos à Editora Scipione S.A.
Avenida das Nações Unidas, 7221, 3º andar, Setor D
Pinheiros – São Paulo – SP – CEP 05425-902
Tel.: 4003-3061
www.scipione.com.br / atendimento@scipione.com.br

2023
ISBN 978 85 262 9608 4 (AL)
ISBN 978 85 262 9607 7 (PR)
Cód. da obra CL 738975
CAE 541 721 (AL) / 541 722 (PR)
5ª edição
10ª impressão
Impressão e acabamento
Log&Print Gráfica, Dados Variáveis e Logística S.A.

Dados Internacionais de Catalogação na Publicação (CIP)
(Câmara Brasileira do Livro, SP, Brasil)

Marsico, Maria Teresa
Marcha criança : natureza e sociedade : educação infantil / Maria Teresa Marsico, Armando Coelho de Carvalho Neto . – – 5. ed. – – São Paulo : Scipione, 2015. – – (Coleção marcha criança)

Obra em 3 v.

1. Cultura (Educação infantil) 2. Meio ambiente (Educação infantil) 3. Sociedade (Educação infantil) I. Carvalho Neto, Armando Coelho de. II. Título. III. Série.

15-02826 CDD-372.21

Índices para catálogo sistemático:

1. Cultura e sociedade : Educação infantil 372.21
1. Meio ambiente : Ciências : Educação infantil 372.21

SUMÁRIO

ANIVERSÁRIO

COM OS COLEGAS, ACOMPANHE A LEITURA DO SEU PROFESSOR.

HOJE EU SINTO QUE CRESCI BASTANTE.
HOJE EU SINTO QUE ESTOU MUITO GRANDE.
SINTO MESMO QUE SOU UM GIGANTE.
DO TAMANHO DE UM ELEFANTE.

É QUE HOJE É MEU ANIVERSÁRIO.
E QUANDO CHEGA MEU ANIVERSÁRIO,
EU ME SINTO BEM MAIOR,
BEM MAIOR, BEM MAIOR,
BEM MAIOR DO QUE EU ERA ANTES.

CANÇÃO "ANIVERSÁRIO", DO CD **CANÇÕES DE BRINCAR**,
DE PALAVRA CANTADA. SÃO PAULO: MCD, 1996.

Alexandre Matos/Arquivo da editora

COMO VOCÊ SE SENTE AO COMEMORAR SEU ANIVERSÁRIO?

DATA: _____ /_____ /_____

QUANTOS ANOS VOCÊ VAI FAZER EM SEU PRÓXIMO ANIVERSÁRIO? DESENHE AS VELAS NO BOLO PARA INDICAR ESSA QUANTIDADE.

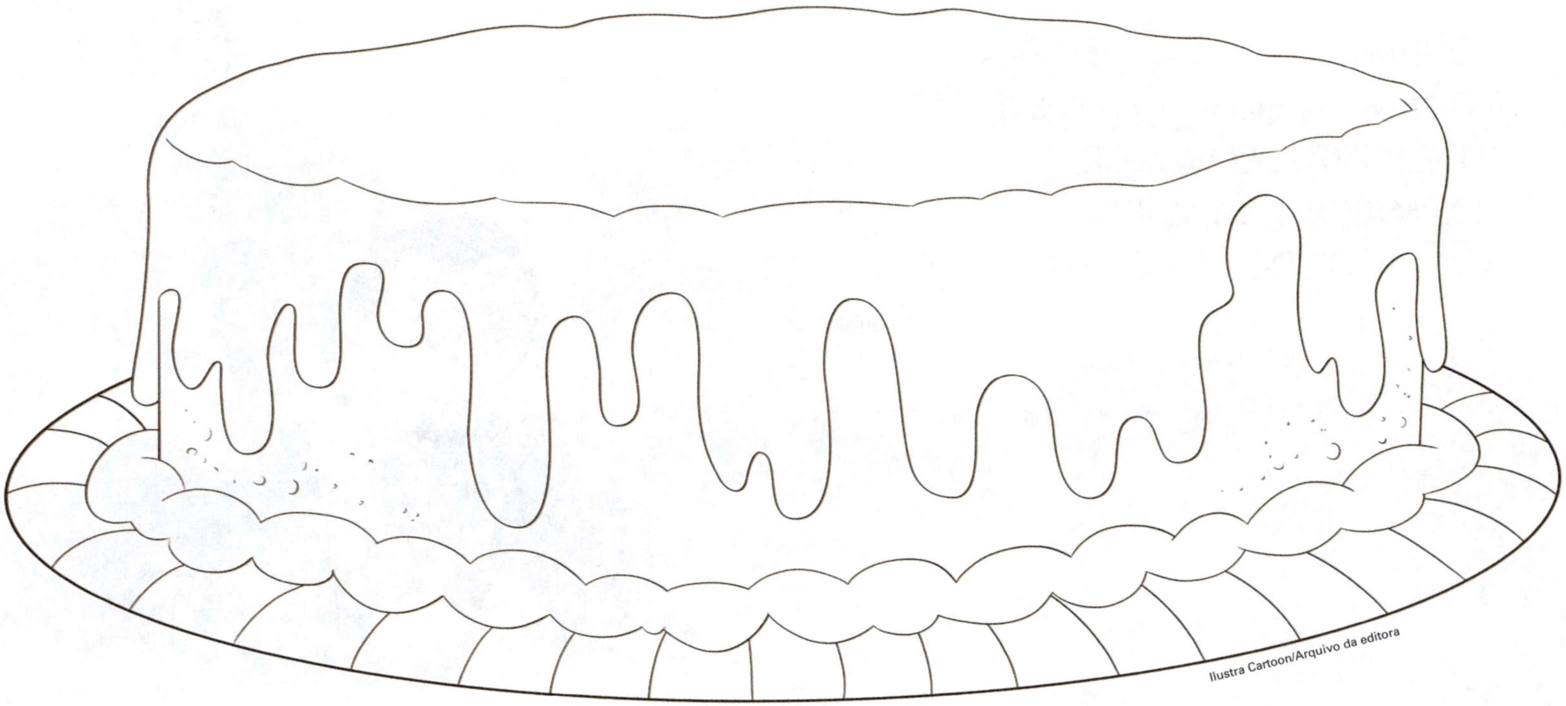

Ilustra Cartoon/Arquivo da editora

DATA: _____ /_____ /_____

O CARNAVAL É UMA DAS FESTAS MAIS POPULARES DO BRASIL. NESSA FESTA HÁ MUITA MÚSICA E DANÇA.

ENFEITE E PINTE ESTA PÁGINA PARA O CARNAVAL. VOCÊ PODE COLAR CONFETE, SERPENTINA, LANTEJOULA OU O QUE VOCÊ QUISER.

Roberto Higa/ Arquivo da editora

DATA: ____ /____ /____

O COELHO E OS OVOS SIMBOLIZAM A PÁSCOA, UMA DATA IMPORTANTE PARA OS CRISTÃOS. ENCONTRE NA CENA ABAIXO CINCO OVOS DE PÁSCOA ESCONDIDOS PELOS COELHINHOS DA PÁSCOA.

Ilustra Cartoon/Arquivo da editora

ASSINALE COM UM **X** AS CORES DOS OVOS DE PÁSCOA.

- [ ] AMARELO
- [ ] MARROM
- [ ] CINZA
- [ ] VERMELHO
- [ ] AZUL
- [ ] LARANJA
- [ ] VIOLETA
- [ ] VERDE

DATA: _____ /_____ /_____

DIA NACIONAL DO LIVRO INFANTIL

O DIA NACIONAL DO LIVRO INFANTIL É COMEMORADO EM 18 DE ABRIL. PARA CELEBRAR A DATA, QUE TAL LER UM TRECHO EM QUE EMÍLIA, UMA PERSONAGEM DO ESCRITOR MONTEIRO LOBATO, É APRESENTADA AO LEITOR?

NINGUÉM IMAGINAVA QUE UMA BONECA FEITA COM TECIDO DE UMA SAIA VELHA E RECHEADA COM AS FLORES DE UMA PLANTA CHAMADA MACELA PODERIA SER TÃO ESPERTA E FALANTE. POIS COM A EMÍLIA FOI ASSIM. DE OLHOS DE RETRÓS, UM FIO DE LINHA PARA COSTURA, CABELOS DE RETALHOS COLORIDOS, ELA MAL GANHOU VIDA E JÁ SAIU POR AÍ, PRONTA PARA TAGARELAR E BISBILHOTAR TUDO.

SÍTIO DO PICAPAU AMARELO: MEU DIÁRIO, BASEADO NA OBRA DE MONTEIRO LOBATO. SÃO PAULO: GLOBO, 2003.

Ilustra Cartoon/Arquivo da editora

DATA: _____ /_____ /_____

DIA DO ÍNDIO

EM 19 DE ABRIL COMEMORA-SE O DIA DO ÍNDIO.
QUE TAL FAZER UM BRINQUEDO DE ORIGEM INDÍGENA?
SIGA O PASSO A PASSO PARA CONFECCIONAR UMA PETECA.

MATERIAL NECESSÁRIO

- UMA FOLHA DE JORNAL
- UM PEDAÇO DE BARBANTE, ELÁSTICO OU FITA ADESIVA
- TINTA PARA COLORIR

MODO DE FAZER

1

CORTE METADE DA FOLHA DE JORNAL E A AMASSE, FAZENDO UMA BOLA ACHATADA. COLOQUE A BOLA NO MEIO DA OUTRA METADE DA FOLHA DE JORNAL.

2

FAÇA UM EMBRULHO DEIXANDO AS PONTAS PARA CIMA. AMARRE A FOLHA DE JORNAL COM BARBANTE, ELÁSTICO OU FITA ADESIVA.

3

PINTE SUA PETECA COM TINTAS DE CORES DIVERSAS. SE QUISER, FAÇA VÁRIAS TIRINHAS NAS PONTAS QUE FICARAM SOLTAS.

Fotos: Sergio Dotta Jr./Arquivo da editora

DATA: ____ /____ /____

VAMOS AJUDAR ACAUÃ A ENCONTRAR OS BRINQUEDOS QUE PERDEU? TRACE O CAMINHO QUE ELE DEVERÁ PERCORRER PARA ENCONTRAR OS BRINQUEDOS E CHEGAR AOS AMIGOS.

Ilustra Cartoon/Arquivo da editora

DATA: _____ /_____ /_____

CHEGADA DOS PORTUGUESES AO BRASIL

OS PORTUGUESES CHEGARAM AO BRASIL NO DIA 22 DE ABRIL DE 1500.
RECORTE E MONTE O QUEBRA-CABEÇA E DESCUBRA O MEIO DE TRANSPORTE USADO PELOS PORTUGUESES PARA CHEGAR ÀS NOSSAS TERRAS. DEPOIS COLE AS PEÇAS EM UMA FOLHA DE PAPEL SULFITE E DESENHE UM CENÁRIO PARA ELE.

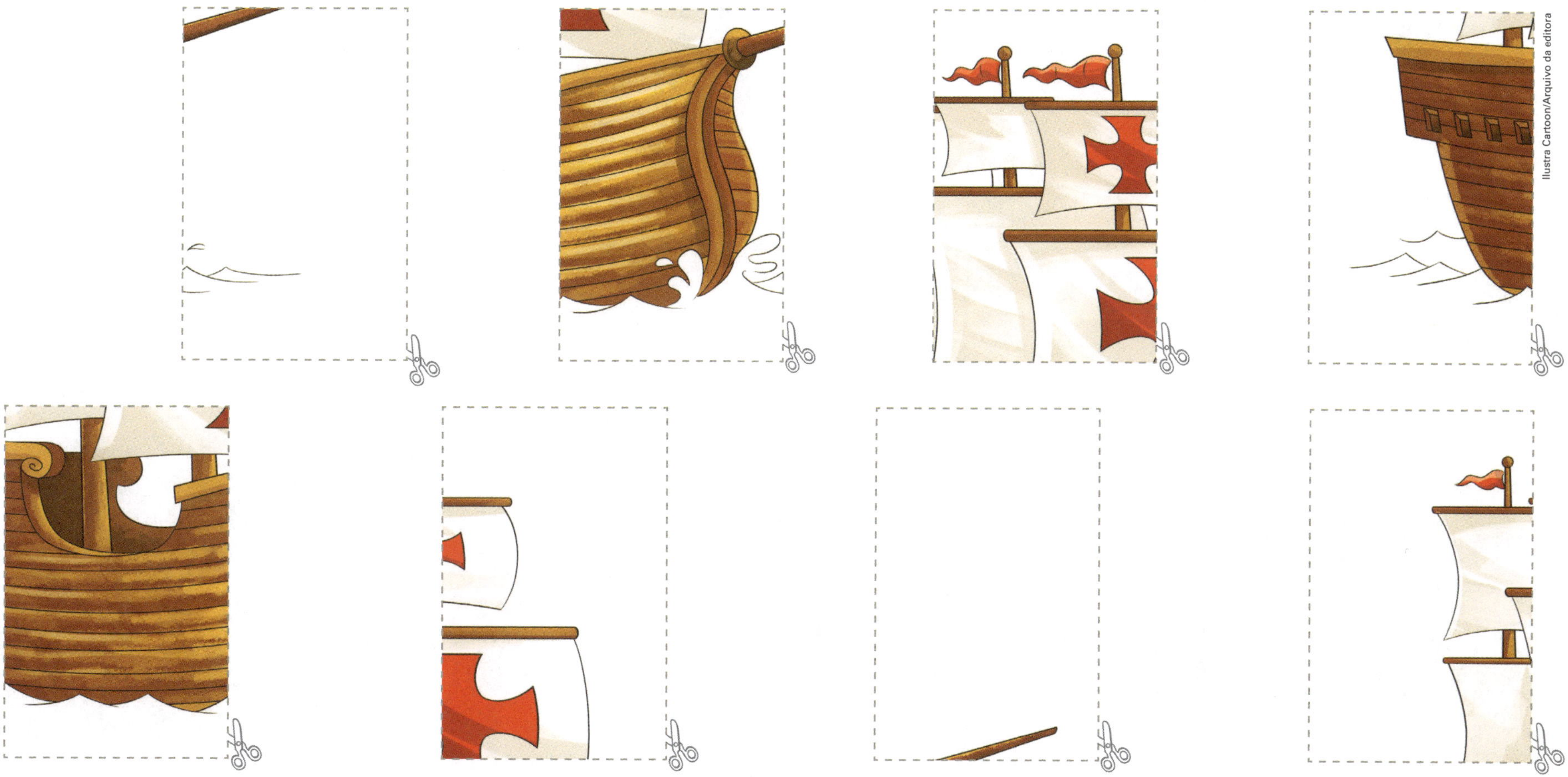

Ilustra Cartoon/Arquivo da editora

DATA: _____ /_____ /_____

DIA DO TRABALHO

NO DIA 1º DE MAIO COMEMORA-SE O DIA DO TRABALHO.
RECORTE AS PEÇAS DA PÁGINA 15 E MONTE A PINTURA.

OPERÁRIOS, DE TARSILA DO AMARAL, 1933.

DATA: _____ /_____ /_____

RECORTE AS PEÇAS E COLE-AS NO ESPAÇO DA PÁGINA 13.

DATA: _____ /_____ /_____

DIA DAS MÃES

NO 2º DOMINGO DE MAIO COMEMORA-SE O DIA DAS MÃES.
MONTE UMA FLOR PARA PRESENTEAR A SUA MÃE OU UMA PESSOA DE QUEM VOCÊ GOSTE MUITO. BASTA SEGUIR ESTES PASSOS:

1

COM A AJUDA DE UM ADULTO, RECORTE UM PAPEL COLORIDO (10 cm × 10 cm).

2

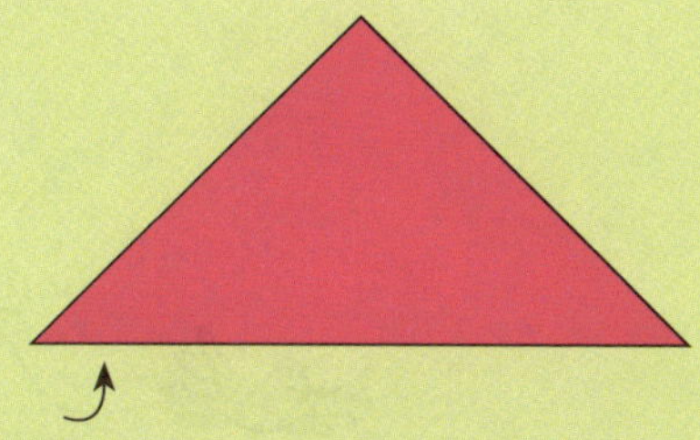

DOBRE O PAPEL AO MEIO, FORMANDO UM TRIÂNGULO.

3

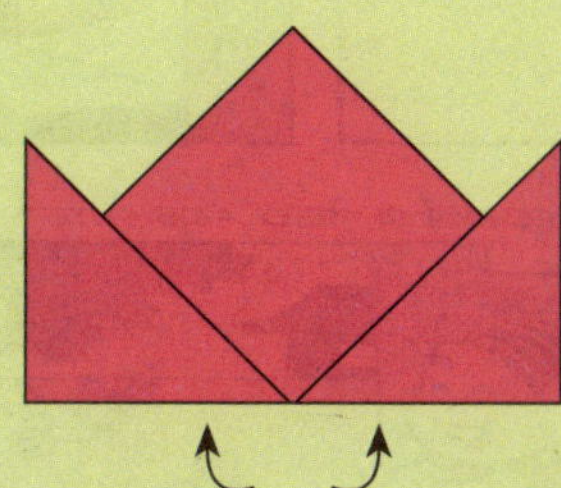

DOBRE AS PONTAS DO PAPEL PARA CIMA.

4

PARA FINALIZAR, DOBRE AS LATERAIS DA FLOR E COLE-A EM UM CANUDINHO.

DATA: ____ /____ /____

DIA MUNDIAL DO MEIO AMBIENTE

VOCÊ SABE O QUE É MEIO AMBIENTE? ACOMPANHE A LEITURA DOS QUADRINHOS.

VOCÊ SABIA? TURMA DA MÔNICA: MEIO AMBIENTE, DE MAURICIO DE SOUSA. SÃO PAULO: GLOBO, 2004.

DATA: _____ /_____ /_____

O QUE PODEMOS FAZER PARA PRESERVAR O MEIO AMBIENTE? FAÇA UM DESENHO PARA MOSTRAR.

Ilustra Cartoon/Arquivo da editora

DATA: _____ /_____ /_____

NO BRASIL, AS FESTAS JUNINAS HOMENAGEIAM SANTO ANTÔNIO, SÃO JOÃO E SÃO PEDRO.

RECORTE DA PÁGINA SEGUINTE AS FOTOS DE ALGUMAS COMIDAS TÍPICAS DAS FESTAS JUNINAS E COLE-AS NA MESA DA BARRAQUINHA ABAIXO.

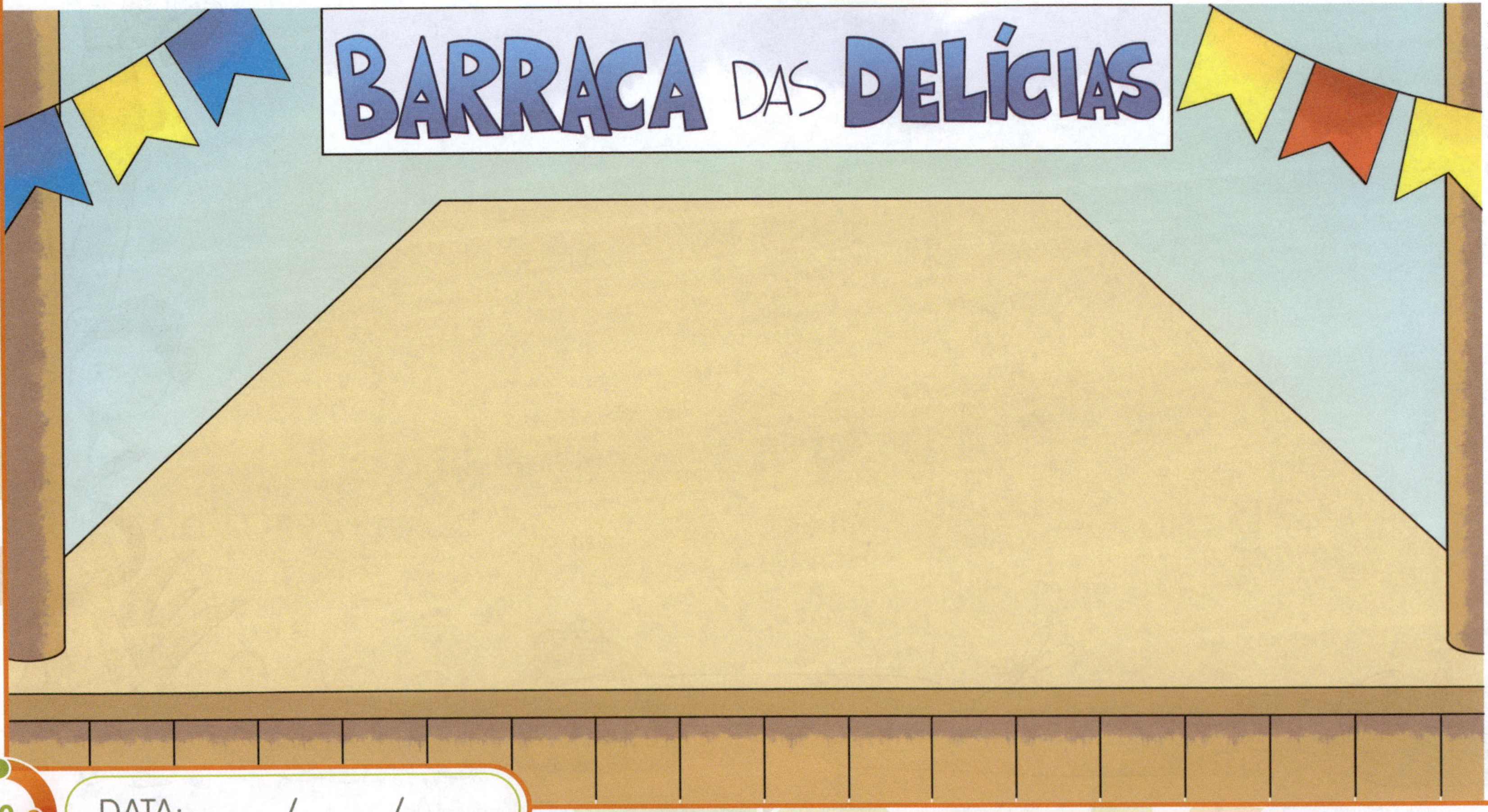

Ilustra Cartoon/Arquivo da editora

DATA: _____ /_____ /_____

RECORTE AS FIGURAS E COLE-AS NA ATIVIDADE DA PÁGINA ANTERIOR.

Fernando Favoretto/Criar Imagem

PAÇOCA

Renata Martins/Arquivo da editora

CURAU

Richard Peterson/Shutterstock/Glow Images

PIPOCA

Paul Paladin/Shutterstock/Glow Images

ESPIGA DE MILHO

Renata Martins/Arquivo da editora

BOLO DE MILHO

ampFotoStudio/Shutterstock/Glow Images

ARROZ-DOCE

DATA: _____ /_____ /_____

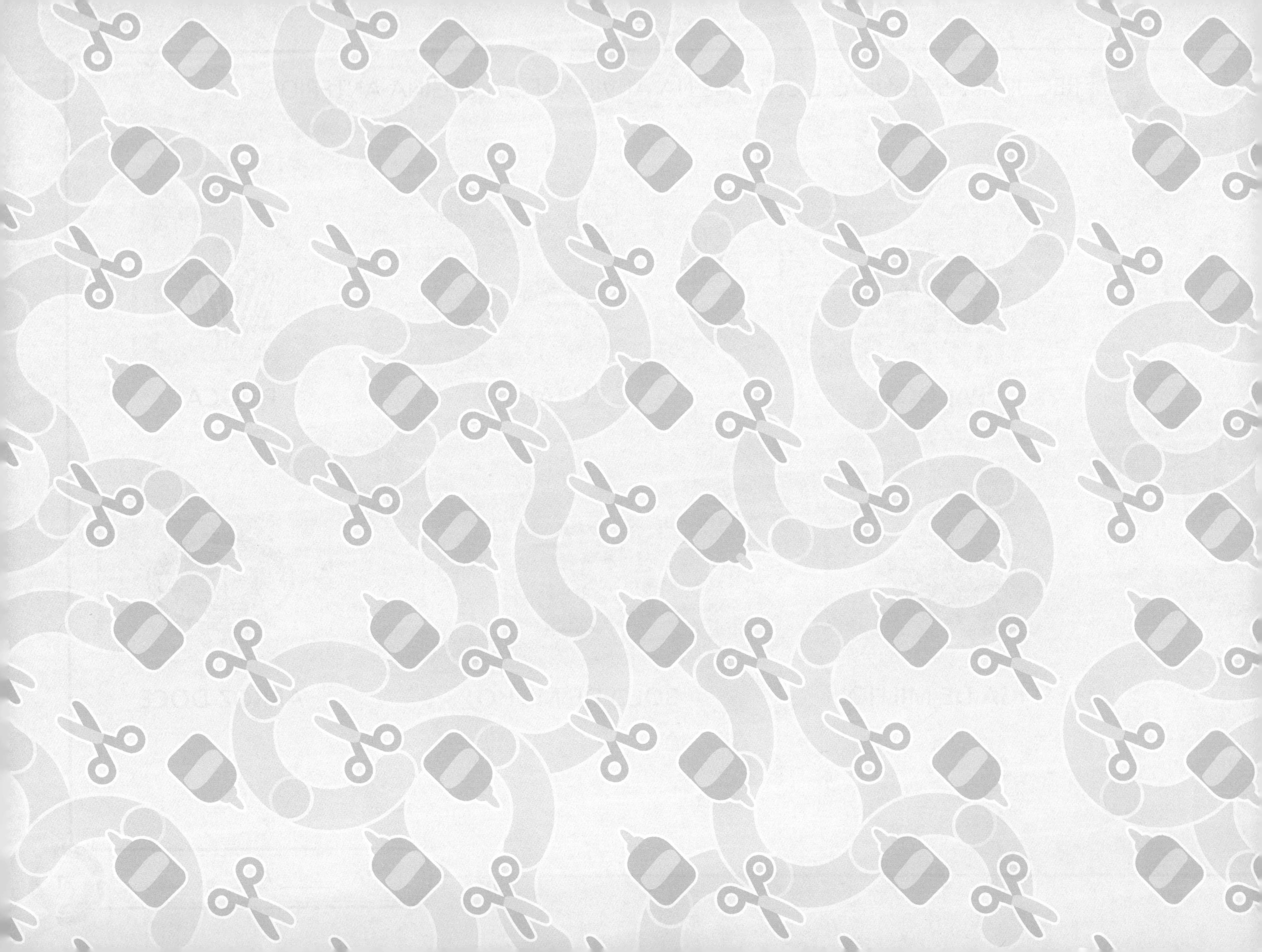

NO 2º DOMINGO DE AGOSTO COMEMORA-SE O DIA DOS PAIS.
SIGA O PASSO A PASSO E PRESENTEIE O PAPAI OU UMA PESSOA DE QUEM VOCÊ GOSTE MUITO COM UM PORTA-DOCUMENTOS.

MATERIAL NECESSÁRIO

- PAPELÃO
- COLA
- TESOURA SEM PONTAS
- ENVELOPE PARDO (31 cm × 41 cm)

1

DOBRE O ENVELOPE AO MEIO E CORTE 0,5 cm DA PARTE SUPERIOR NA HORIZONTAL, DEIXANDO AS PARTES ABERTAS PARA COLOCAR DOCUMENTOS OU PAPÉIS.

2

PASSE COLA NAS LATERAIS PARA UNIR AS PARTES DO ENVELOPE.

3

RISQUE 2 ALÇAS NO PAPELÃO E RECORTE.

4

COLE AS ALÇAS NA PARTE SUPERIOR DO ENVELOPE, NA FRENTE DO PORTA-DOCUMENTOS.

5

AGORA E SÓ DECORAR!

Ilustrações: Ilustra Cartoon/Arquivo da editora

ATIVIDADE ELABORADA COM BASE EM: <WWW.PROFESSORSASSA.NET/#!DIADOSPAIS/C1CPS>. ACESSO EM: 13 ABR. 2015.

DATA: _____ /_____ /_____

DIA DO FOLCLORE

NO DIA 22 DE AGOSTO, COMEMORA-SE O DIA DO FOLCLORE.
PINTE A CENA ABAIXO, QUE ENVOLVE DUAS PERSONAGENS DO NOSSO FOLCLORE.

Ilustra Cartoon/Arquivo da editora

VOCÊ CONHECE ESSAS PERSONAGENS? COMO ELAS SE CHAMAM?

DATA: _____ /_____ /_____

DIA DA INDEPENDÊNCIA DO BRASIL

NOSSO PAÍS, O BRASIL, TEM SUAS PRÓPRIAS LEIS E GOVERNANTES, MAS ISSO SOMENTE PASSOU A ACONTECER DEPOIS DE SUA INDEPENDÊNCIA, QUE É COMEMORADA NO DIA 7 DE SETEMBRO.

PESQUISE EM LIVROS OU NA INTERNET PARA SABER COMO OCORREU A PROCLAMAÇÃO DA INDEPENDÊNCIA DO BRASIL, E, COM SEUS COLEGAS, MONTE UM TEATRINHO PARA APRESENTAR ÀS OUTRAS CLASSES.

Ilustra Cartoon/Arquivo da editora

DATA: _____ /_____ /_____

DIA DA ÁRVORE

O DIA DA ÁRVORE É COMEMORADO EM 21 DE SETEMBRO.
PINTE O DESENHO COM MUITO CAPRICHO E REFLITA SOBRE A IMPORTÂNCIA DAS ÁRVORES.

Roberto Higa/Arquivo da editora

DATA: _____ /_____ /_____

DIA MUNDIAL DO ANIMAL

EM 4 DE OUTUBRO COMEMORA-SE O DIA MUNDIAL DO ANIMAL.
QUE TAL COMEMORAR PINTANDO UMA BELA CENA?

Ilustra Cartoon/Arquivo da editora

DATA: ____ /____ /____

DIA DAS CRIANÇAS

EM 12 DE OUTUBRO COMEMORA-SE O DIA DAS CRIANÇAS! ESCOLHA UMA DAS BRINCADEIRAS DA LISTA E CONVIDE SEUS COLEGAS PARA BRINCAR.

- PASSA-ANEL
- CONTAÇÃO DE HISTÓRIAS
- AMARELINHA
- DETETIVE E LADRÃO
- TELEFONE SEM FIO
- DESENHO COLETIVO
- MÍMICA

Ilustra Cartoon/Arquivo da editora

É BOM SER CRIANÇA,
TER DE TODOS ATENÇÃO.
DA MAMÃE CARINHO,
DO PAPAI A PROTEÇÃO.
É TÃO BOM SE DIVERTIR
E NÃO TER QUE TRABALHAR.
SÓ COMER, CRESCER, DORMIR, BRINCAR.
[...]

CANÇÃO "É BOM SER CRIANÇA", DO CD **CANÇÃO DE TODAS AS CRIANÇAS**, DE TOQUINHO E ELIFAS ANDREATO. RIO DE JANEIRO: PHILIPS, 1987.

DATA: _____ /_____ /_____

DIA DO PROFESSOR

EM 15 DE OUTUBRO COMEMORA-SE O DIA DO PROFESSOR.
DESENHE UM MOMENTO FELIZ QUE VOCÊ SE LEMBRA DE TER PASSADO COM SEU PROFESSOR. DEPOIS, MOSTRE SEU DESENHO À CLASSE E FALE UM POUCO SOBRE ELE.

Ilustra Cartoon/Arquivo da editora

DATA: _____ /_____ /_____

DIA DA BANDEIRA

EM 19 DE NOVEMBRO É COMEMORADO O DIA DA BANDEIRA.
CADA COR DA NOSSA BANDEIRA REPRESENTA UM ELEMENTO DE NOSSO PAÍS.
O VERDE REPRESENTA AS MATAS. O AMARELO REPRESENTA O OURO, AS RIQUEZAS. O AZUL, O CÉU. E O BRANCO, A PAZ. PINTE A BANDEIRA CONFORME A LEGENDA A SEGUIR.

VERDE

AMARELO

AZUL

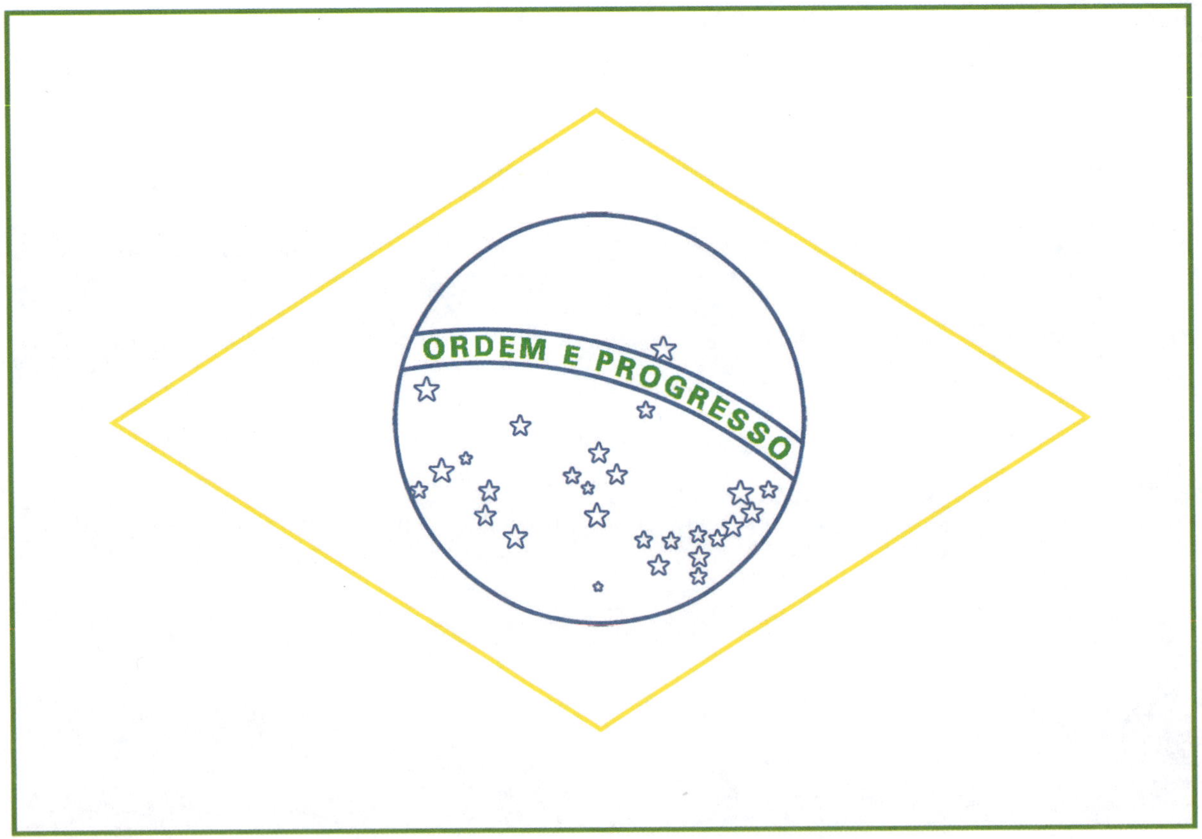

DATA: _____ /_____ /_____

DIA NACIONAL DA CONSCIÊNCIA NEGRA

EM 20 DE NOVEMBRO COMEMORAMOS O DIA DA CONSCIÊNCIA NEGRA.
AS IMAGENS A SEGUIR MOSTRAM A INFLUÊNCIA DOS NEGROS AFRICANOS NA CULTURA BRASILEIRA.
CONVERSE COM SEUS COLEGAS SOBRE ELAS.

Cesar Diniz/Pulsar Imagens

Sergio Pedreira/Pulsar Imagens

Christian Tragni/Folhapress

Fabio Colombini/Acervo do fotógrafo

DATA: ____ /____ /____

VOCÊ COSTUMA COMEMORAR O NATAL?
FAÇA DESENHOS PARA COMPLETAR A CENA NATALINA. DEPOIS, PINTE-A COMO PREFERIR.

PAPAI NOEL... SEMPRE PRESENTE NO CORAÇÃO.
HÁ QUEM NÃO ACREDITE NELE NÃO!
MAS ELE ESTARÁ SEMPRE
EM NOSSO SONHO, EM NOSSA VIDA
E EM NOSSA IMAGINAÇÃO.

Ilustra Cartoon/Arquivo da editora

DATA: _____ /_____ /_____

MARCHA CRIANÇA
EDUCAÇÃO INFANTIL

editora scipione

VEJA AS FOTOGRAFIAS DE ALGUNS ANIMAIS DA FLORESTA AMAZÔNICA. EM QUE ELES SÃO DIFERENTES E EM QUE ELES SÃO SEMELHANTES? CONVERSE SOBRE ISSO COM O PROFESSOR E OS COLEGAS.

Mark Bowler/Photo Researchers/Getty Images

ANTA

Mario Friedlander/Pulsar Imagens

CAPIVARA

Artur Keunecke/Pulsar Imagens

SUCURI

J. L. Bulcão/Pulsar Imagens

TUCANO

Face to face Agentur GmbH/Alamy/Glow Images

BUGIO-VERMELHO

MaViLa/Getty Images

BICHO-PREGUIÇA

Blickwinkel/Alamy/Glow Images

GAVIÃO-REAL

Marcio Lourenço/Pulsar Imagens

JACARÉ-AÇU

DATA: _____ /_____ /_____

VOCÊ TEM ALGUM ANIMAL DE ESTIMAÇÃO?
ALÉM DE CARINHO, OS ANIMAIS DE ESTIMAÇÃO PRECISAM DE MUITOS CUIDADOS.
COM SEUS COLEGAS, CONTE A HISTÓRIA A SEGUIR.

Ilustrações: Ilustra Cartoon/Arquivo da editora

DATA: _____ /_____ /_____

FAZENDO ARTE

QUE TAL CONFECCIONAR DOBRADURAS DE ALGUNS ANIMAIS QUE PODEMOS CRIAR EM CASA? VEJA ALGUMAS SUGESTÕES ABAIXO.

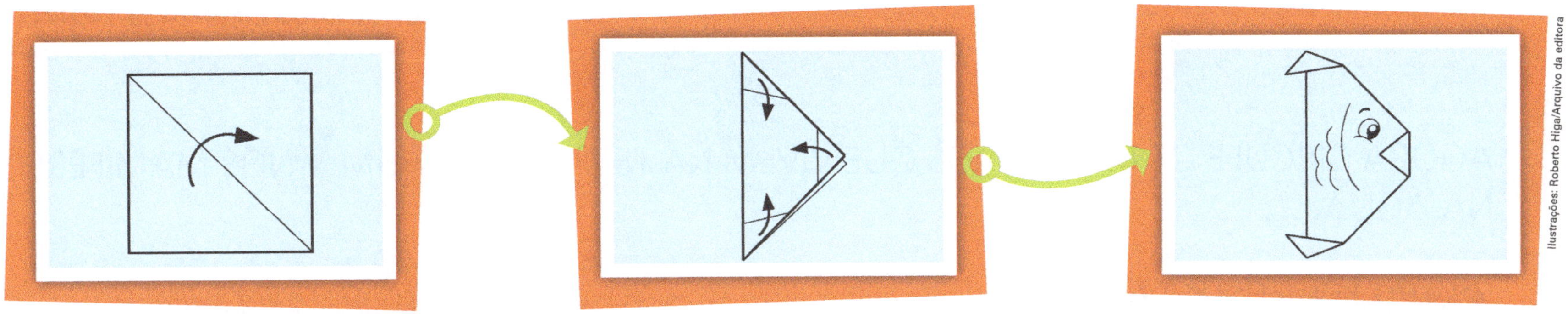

Ilustrações: Roberto Higa/Arquivo da editora

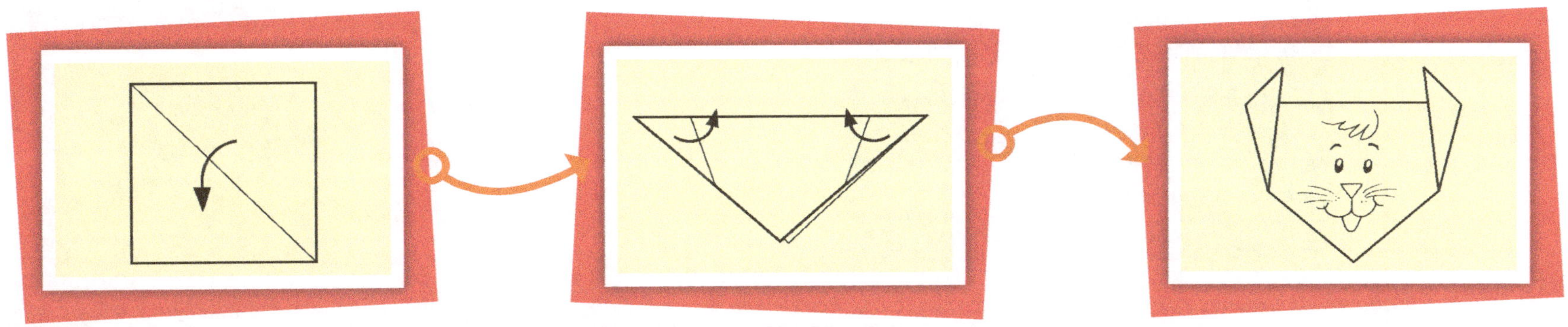

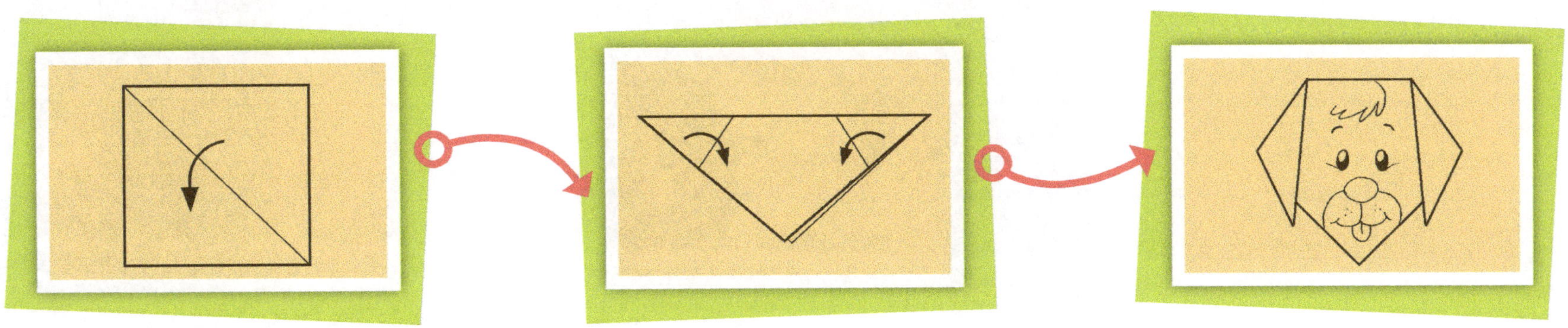

DATA: ____ /____ /____

ACOMPANHE A LEITURA DO TEXTO.

ELES MAMAM NA INFÂNCIA

AO OBSERVAR OS CACHORROS, OS GATOS E OUTROS ANIMAIS DE ESTIMAÇÃO, A GENTE COMEÇA A PERCEBER COMO É O MUNDO DOS MAMÍFEROS. POR QUE MAMÍFEROS? UÉ, PORQUE TODOS OS BICHOS DESSE GRUPO MAMAM QUANDO NASCEM.

MAMÍFEROS, DE FEDERICO MENGOZZI. SÃO PAULO: GLOBO, 2008.

AGORA CIRCULE OS MAMÍFEROS QUE VIVEM NA TERRA E FAÇA UM **X** NOS MAMÍFEROS QUE VIVEM NA ÁGUA.

Ardea/Other Images

oneo/Shutterstock/Glow Images

verityjohnson/Shutterstock/Glow Images

Menna/Shutterstock/Glow Images

DATA: _____ /_____ /_____

ACOMPANHE A LEITURA DO TEXTO.

É MUITO FÁCIL IDENTIFICAR UMA AVE!

AS AVES SÃO ANIMAIS QUE APRESENTAM BICO E ASAS, TÊM O CORPO REVESTIDO POR PENAS E NASCEM EM OVOS.

[...]

NEM TODA AVE CONSEGUE VOAR. O PINGUIM, POR EXEMPLO, É UMA AVE QUE NÃO VOA, MAS NADA MUITO BEM. JÁ O AVESTRUZ NÃO CONSEGUE VOAR, MAS É MUITO VELOZ!

DISPONÍVEL EM: <WWW.SUPERKID.COM.BR/PERGUNTE/AVES/INDEX.PHP>. ACESSO EM: 10 MAR. 2015.

RECORTE DE REVISTAS A FOTO DE MAIS UMA AVE E COLE-A NO ESPAÇO VAZIO.

Mircea Bezergheanu/Shutterstock/Glow Images

Volodymyr Goinyk/Shutterstock/Glow Images

iDesign/Shutterstock/Glow Images

VOCÊ SABE ONDE OS ANIMAIS DAS IMAGENS ABAIXO PODEM SER ENCONTRADOS? PINTE CONFORME A LEGENDA:

- ANIMAIS QUE VIVEM NO MAR.
- ANIMAIS QUE PODEM VIVER NO SÍTIO.
- ANIMAIS QUE VIVEM NA FLORESTA.

The Len/Shutterstock/Glow Images

GALINHA

Mana Photo/Shutterstock/Glow Images

POLVO

Marco Govel/Shutterstock/Glow Images

VACA

TAGSTOCK1/Shutterstock/Glow Images

BALEIA

milosk50/Shutterstock/Glow Images

ONÇA

duangnapa_b/Shutterstock/Glow Images

ARARA

DATA: _____ /_____ /_____

DESENHE MAIS UM ANIMAL EM CADA UM DOS AMBIENTES A SEGUIR. DEPOIS PINTE AS CENAS.

VIVEM SOMENTE NA ÁGUA

VIVEM SOMENTE NA TERRA

VIVEM NA ÁGUA E NA TERRA

Ilustrações: Roberto Higa/Arquivo da editora

DATA: _____ /_____ /_____

OBSERVE OS RASTROS E PINTE OS QUADRADINHOS NA MESMA QUANTIDADE DE PERNAS DOS ANIMAIS.

Artur Keunecke/Pulsar Imagens

Patrick J. Endres/Alamy/Glow Images

Artur Keunecke/Pulsar Imagens

Elliotte Rusty Harold/Shutterstock/Glow Images

DATA: _____ /_____ /_____

OBSERVE A COBERTURA DO CORPO DOS ANIMAIS E PINTE OS QUADRADINHOS DE ACORDO COM A LEGENDA.

PENAS   PELE NUA   PELOS   CONCHA   ESCAMAS

Edson Grandisoli/Pulsar Imagens

MACACO-PREGO

Delfim Martins/Pulsar Imagens

LOBO-GUARÁ

Johan Swanepoel/Shutterstock/Glow Images

CARACOL

Cbpix/Shutterstock/Glow Images

PEIXE-PALHAÇO

Fabio Colombini/Acervo do fotógrafo

RÃ

Anselmo D'Affonseca/Pulsar Imagens

ÁGUIA

Du Zuppani/Pulsar Imagens

ARARA-AZUL

Zamzawawi Isa/Shutterstock/Glow Images

LAGARTO

DATA: _____ /_____ /_____

VOCÊ SABIA QUE ALGUNS ANIMAIS SE TRANSFORMAM?
VEJA, A SEGUIR, O CASO DA BORBOLETA.

AS BORBOLETAS ADULTAS PÕEM OVOS.

DE CADA OVO, NASCE UMA LAGARTA.

Ilustrações: Ilustra Cartoon/Arquivo da editora

A LAGARTA SE ALIMENTA BASTANTE E CRESCE RAPIDAMENTE. DEPOIS, ELA SE FECHA EM UM CASULO FEITO POR ELA MESMA.

DENTRO DESSE CASULO, A LAGARTA SE TRANSFORMA E, PASSADO ALGUM TEMPO, SAI COMO BORBOLETA.

DATA: _____ /_____ /_____

FAZENDO ARTE

VAMOS MONTAR UM BRINQUEDO EM FORMATO DE LAGARTA? COM A AJUDA DE UM ADULTO, SIGA AS ETAPAS ABAIXO.

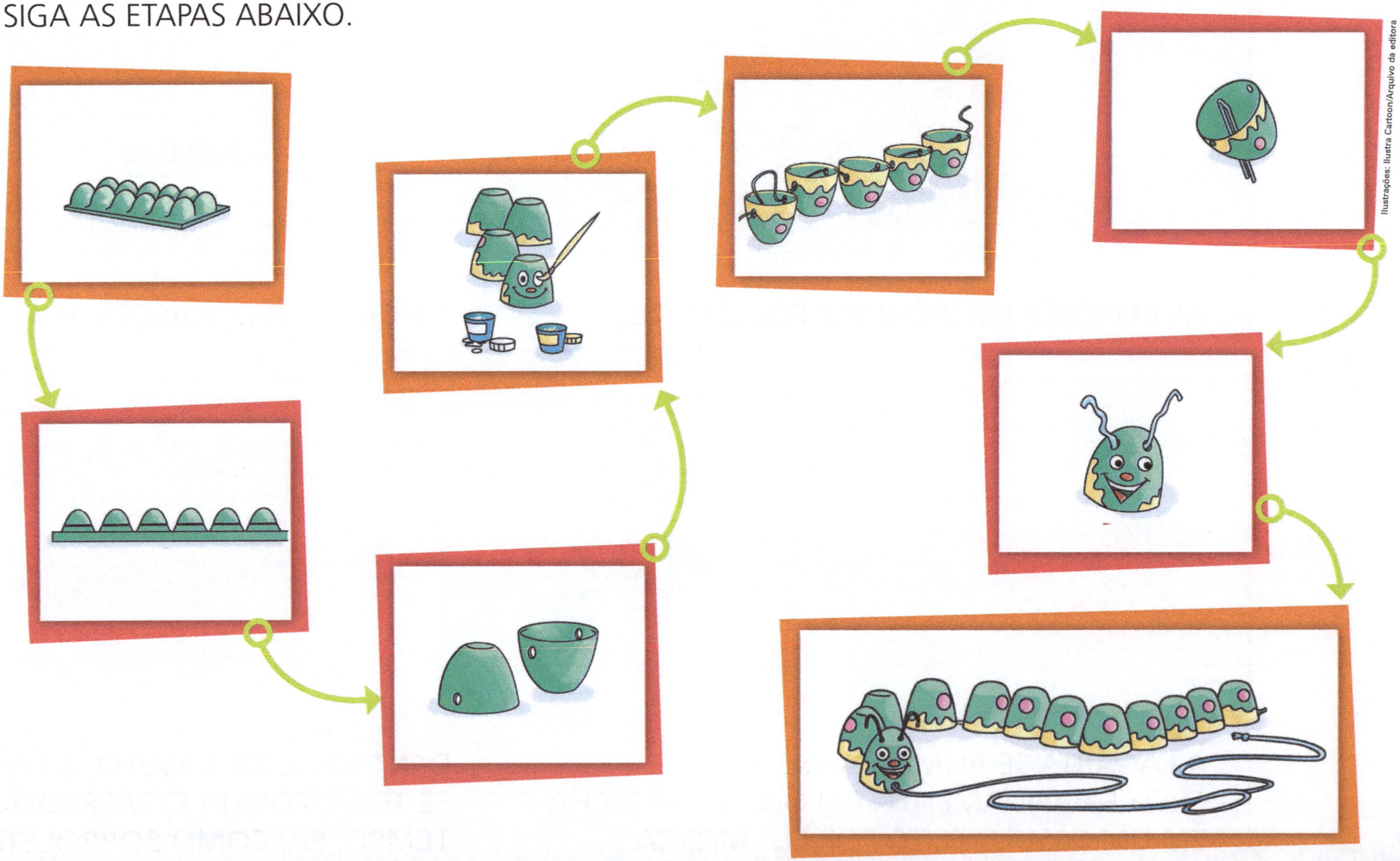

Ilustrações: Ilustra Cartoon/Arquivo da editora

DATA: _____ /_____ /_____

O QUE OS ANIMAIS COMEM? FAÇA UMA PESQUISA SOBRE ISSO E PINTE OS QUADRADINHOS CONFORME A LEGENDA A SEGUIR:

ALIMENTA-SE DE PLANTAS.

ALIMENTA-SE DA CARNE DE OUTROS ANIMAIS.

ALIMENTA-SE DE CARNE E DE PLANTAS.

Gay Bumgarner/Alamy/Other Images

Christian Musat/Shutterstock/Glow Images

Karen Givens/Shutterstock/Glow Images

Masterfile/Other Images

Luke Schmidt/Shutterstock/Glow Images

Andreas G. Karelias/Shutterstock/Glow Images

HÁ ALIMENTOS QUE TÊM ORIGEM ANIMAL. DESTAQUE OS **ADESIVOS** DO FINAL DO LIVRO E COLE-OS NOS ESPAÇOS ADEQUADOS.

ALIMENTOS ORIGINADOS DA VACA	ALIMENTOS ORIGINADOS DA GALINHA	ALIMENTOS ORIGINADOS DA ABELHA

DATA: ____ /____ /____

O TEMA É...

ANIMAIS AMEAÇADOS DE EXTINÇÃO!

DEVEMOS CUIDAR MUITO BEM DA NATUREZA PARA QUE NENHUM ANIMAL DEIXE DE EXISTIR. ESTES ANIMAIS ESTÃO AMEAÇADOS DE EXTINÇÃO. O QUE VOCÊ ACHA QUE AS PESSOAS PODEM FAZER PARA QUE ESSES ANIMAIS CONTINUEM EXISTINDO EM NOSSO PLANETA?
CONVERSE SOBRE ISSO COM OS COLEGAS E O PROFESSOR.

Fabio Colombini/Acervo do fotógrafo

PAPAGAIO-DE-PEITO-ROXO

Richard Ellis/Alamy/Glow Images

ESTRELA-DO-MAR

Mikadun/Shutterstock/Glow Images

ONÇA-PINTADA

Volvox Inc/Alamy/Glow Images

BALEIA-AZUL

DATA: ____ /____ /____

VEGETAIS

VEJA AS IMAGENS A SEGUIR E DISCUTA COM SEUS COLEGAS: OS VEGETAIS SÃO SERES VIVOS?

Smileus/Shutterstock/Glow Images

szefei/Shutterstock/Glow Images

ororo reaction/Shutterstock/Glow Images

Chukov/Shutterstock/Glow Images

João Virissimo/Shutterstock/Glow Images

Georgios Alexandris/Shutterstock/Glow Images

DATA: _____ /_____ /_____

DESENHE OS VEGETAIS QUE VOCÊ CONHECE E ESCREVA O NOME DELES.

DATA: ____ /____ /____

ALGUMAS PLANTAS NASCEM DE SEMENTE. DESTAQUE AS FIGURAS DA PÁGINA 9 DO **MATERIAL DE APOIO** E COLE-AS NA ORDEM DO CRESCIMENTO DA PLANTINHA.

1

A SEMENTE É PLANTADA NA TERRA.

2

NA TERRA ÚMIDA, A SEMENTE INCHA E ARREBENTA. ENTÃO, SURGE A PONTINHA DA RAIZ.

3

SURGE TAMBÉM OUTRA PONTINHA QUE SE DIRIGE PARA CIMA: O CAULE.

4

A PLANTINHA VAI SE DESENVOLVENDO E SE FORMAM AS PRIMEIRAS FOLHINHAS.

DATA: _____ /_____ /_____

OS VEGETAIS SÃO CONSTITUÍDOS POR DIVERSAS PARTES: RAIZ, CAULE, FOLHA, FLOR E FRUTO.
NÓS NOS ALIMENTAMOS DE MUITAS DESSAS PARTES.
FAÇA UM **X** NAS PARTES DA PLANTA QUE VOCÊ CONHECE.

☐ RAÍZES

Dulce Rubia/Shutterstock/Glow Images

CENOURAS

☐ CAULES

Colour/Shutterstock/Glow Images

BATATAS

☐ FOLHAS

mikle1/Shutterstock/Glow Images

ALFACES

☐ FRUTOS

Littlegirl/Shutterstock/Glow Images

BANANAS

☐ SEMENTES

hvoya/Shutterstock/Glow Images

FEIJÕES

☐ FLORES

geniuscook_com/Shutterstock/Glow Images

COUVE-FLOR

DATA: _____ /_____ /_____

DESTAQUE OS **ADESIVOS** DO FINAL DO LIVRO E COLE-OS NOS QUADROS CORRESPONDENTES.
O SER HUMANO UTILIZA OS VEGETAIS:

PARA SE ALIMENTAR.

PARA FABRICAR TECIDOS.

PARA DECORAR LUGARES.

DATA: ____ /____ /____

NOSSO CORPO PRECISA DE VÁRIOS NUTRIENTES. POR ISSO É MUITO IMPORTANTE TER UMA ALIMENTAÇÃO EQUILIBRADA, RICA EM ALIMENTOS DE ORIGEM VEGETAL.

FAÇA UM **X** NAS IMAGENS DE ALIMENTOS DE ORIGEM VEGETAL.

Shpilko Dmitriy/Shutterstock/Glow Images

Shawn Hempel/Shutterstock/Glow Images

Vladimir Melnik/Shutterstock/Glow Images

haveseen/Shutterstock/Glow Images

kentoh/Shutterstock/Glow Images

oznuroz/Shutterstock/Glow Images

Sergey Peterman/Shutterstock/Glow Images

Dimitar Bosakov/Shutterstock/Glow Images

DATA: _____ /_____ /_____

ÁGUA

A ÁGUA É MUITO IMPORTANTE E PRECIOSA PARA A VIDA.
OBSERVE O CICLO DA ÁGUA NA NATUREZA.

Ilustra Cartoon/Arquivo da editora

DATA: _____ /_____ /_____

TODOS OS SERES VIVOS PRECISAM DE ÁGUA PARA VIVER. COMO A ÁGUA ESTÁ SENDO UTILIZADA EM CADA CENA? CONVERSE COM SEUS COLEGAS E O PROFESSOR.

Ilustrações: Ilustra Cartoon/Arquivo da editora

DATA: _____ /_____ /_____

QUE ATITUDES COLABORAM PARA A PRESERVAÇÃO DA ÁGUA DO PLANETA? MARQUE A RESPOSTA COM UM **X**.

Ilustrações: Ilustra Cartoon/Arquivo da editora

DATA: _____ /_____ /_____

TEMPO

LEIA O POEMA. DEPOIS, FAÇA UM DESENHO QUE MOSTRE O QUE VOCÊ COSTUMA FAZER DURANTE O DIA.

TANTO FAZ SE A GENTE ACORDA,
OU SE DORME ATÉ CANSAR;
A LUZ DA MANHÃ VEM SEMPRE
E AJUDA O MUNDO A ACORDAR.

ONDE FOI PARAR A LUZ DA MANHÃ?,
DE ROSANA RIOS. SÃO PAULO: SCIPIONE, 1997.

DATA: _____ /_____ /_____

PINTE A CENA QUE REPRESENTA A NOITE.

Ilustrações: Ilustra Cartoon/Arquivo da editora

DATA: _____ /_____ /_____

VOCÊ CONHECE ESTES SÍMBOLOS? SABE O QUE ELES SIGNIFICAM?

Ilustrações: Banco de imagem/ Arquivo da editora

COMO ESTÁ O DIA NESTE MOMENTO? FAÇA UM DESENHO PARA MOSTRAR.

DATA: _____ /_____ /_____

LEIA O TEXTO E DESENHE, EM CADA QUADRO, COMO SÃO AS ESTAÇÕES DO ANO NO LUGAR ONDE VOCÊ VIVE.

TEMOS QUATRO ESTAÇÕES DURANTE O ANO. A PRIMAVERA É A ESTAÇÃO DAS FLORES. O OUTONO É A ÉPOCA EM QUE AS FOLHAS DAS ÁRVORES CAEM. NO INVERNO, FAZ MUITO FRIO E, NO VERÃO, FAZ MUITO CALOR.

PRIMAVERA

VERÃO

DATA: ____ /____ /____

CONTINUE DESENHANDO.

OUTONO

INVERNO

DATA: _____ /_____ /_____

VOCÊ SABE O NOME DE TODOS OS MESES DO ANO?
COMPLETE O CALENDÁRIO ABAIXO COM OS MESES QUE ESTÃO FALTANDO.

CALENDÁRIO 2016

Ilustra Cartoon/Arquivo da editora

JANEIRO

DOM.	SEG.	TER.	QUA.	QUI.	SEX.	SÁB.
					1	2
3	4	5	6	7	8	9
10	11	12	13	14	15	16
17	18	19	20	21	22	23
24	25	26	27	28	29	30
31						

FEVEREIRO

DOM.	SEG.	TER.	QUA.	QUI.	SEX.	SÁB.
	1	2	3	4	5	6
7	8	9	10	11	12	13
14	15	16	17	18	19	20
21	22	23	24	25	26	27
28	29					

DOM.	SEG.	TER.	QUA.	QUI.	SEX.	SÁB.
		1	2	3	4	5
6	7	8	9	10	11	12
13	14	15	16	17	18	19
20	21	22	23	24	25	26
27	28	29	30	31		

ABRIL

DOM.	SEG.	TER.	QUA.	QUI.	SEX.	SÁB.
					1	2
3	4	5	6	7	8	9
10	11	12	13	14	15	16
17	18	19	20	21	22	23
24	25	26	27	28	29	30

DOM.	SEG.	TER.	QUA.	QUI.	SEX.	SÁB.
1	2	3	4	5	6	7
8	9	10	11	12	13	14
15	16	17	18	19	20	21
22	23	24	25	26	27	28
29	30	31				

JUNHO

DOM.	SEG.	TER.	QUA.	QUI.	SEX.	SÁB.
			1	2	3	4
5	6	7	8	9	10	11
12	13	14	15	16	17	18
19	20	21	22	23	24	25
26	27	28	29	30		

JULHO

DOM.	SEG.	TER.	QUA.	QUI.	SEX.	SÁB.
					1	2
3	4	5	6	7	8	9
10	11	12	13	14	15	16
17	18	19	20	21	22	23
24	25	26	27	28	29	30
31						

DOM.	SEG.	TER.	QUA.	QUI.	SEX.	SÁB.
	1	2	3	4	5	6
7	8	9	10	11	12	13
14	15	16	17	18	19	20
21	22	23	24	25	26	27
28	29	30	31			

SETEMBRO

DOM.	SEG.	TER.	QUA.	QUI.	SEX.	SÁB.
				1	2	3
4	5	6	7	8	9	10
11	12	13	14	15	16	17
18	19	20	21	22	23	24
25	26	27	28	29	30	

DOM.	SEG.	TER.	QUA.	QUI.	SEX.	SÁB.
						1
2	3	4	5	6	7	8
9	10	11	12	13	14	15
16	17	18	19	20	21	22
23	24	25	26	27	28	29
30	31					

NOVEMBRO

DOM.	SEG.	TER.	QUA.	QUI.	SEX.	SÁB.
		1	2	3	4	5
6	7	8	9	10	11	12
13	14	15	16	17	18	19
20	21	22	23	24	25	26
27	28	29	30			

DEZEMBRO

DOM.	SEG.	TER.	QUA.	QUI.	SEX.	SÁB.
				1	2	3
4	5	6	7	8	9	10
11	12	13	14	15	16	17
18	19	20	21	22	23	24
25	26	27	28	29	30	31

DATA: _____ /_____ /_____

AGORA CONSULTE O CALENDÁRIO DO MÊS E ANO EM QUE VOCÊ ESTÁ E RESPONDA:

QUE DIA DA SEMANA É HOJE?

- [ ] SEGUNDA-FEIRA
- [ ] TERÇA-FEIRA
- [ ] QUARTA-FEIRA
- [ ] QUINTA-FEIRA
- [ ] SEXTA-FEIRA
- [ ] SÁBADO
- [ ] DOMINGO

QUE DIA DA SEMANA FOI ONTEM?

- [ ] SEGUNDA-FEIRA
- [ ] TERÇA-FEIRA
- [ ] QUARTA-FEIRA
- [ ] QUINTA-FEIRA
- [ ] SEXTA-FEIRA
- [ ] SÁBADO
- [ ] DOMINGO

QUE DIA DA SEMANA SERÁ AMANHÃ?

- [ ] SEGUNDA-FEIRA
- [ ] TERÇA-FEIRA
- [ ] QUARTA-FEIRA
- [ ] QUINTA-FEIRA
- [ ] SEXTA-FEIRA
- [ ] SÁBADO
- [ ] DOMINGO

DATA: ____ /____ /____

CONFORME O TEMPO PASSA, ALGUMAS COISAS VÃO FICANDO ANTIGAS. CIRCULE OS OBJETOS MAIS ANTIGOS.

Sergej Razvodovskij/Shutterstock/Glow Images

Elmur/Shutterstock/Glow Images

Carlos E. Santa Maria/Shutterstock/Glow Images

qingqing/Shutterstock/Glow Images

Arsgera/Shutterstock/Glow Images

HORA DA DESCOBERTA

PLANTAR UMA MUDA

VOCÊ JÁ APRENDEU A PLANTAR UMA SEMENTE. COM A AJUDA DO PROFESSOR, AGORA PLANTE UMA MUDA DE VIOLETA.

Ilustra Cartoon/Arquivo da editora

DATA: ____ /____ /____

PLANTAR UMA MUDA

MATERIAL NECESSÁRIO

- FOLHA DE VIOLETA
- VIDRO COM ÁGUA
- VASO COM TERRA

FAÇA ASSIM:

CORTE UMA FOLHA BEM BONITA DE UM VASO DE VIOLETAS.

COLOQUE A PONTA DO CABO DA FOLHA EM UM VIDRO COM POUCA ÁGUA.

VERIFIQUE DIARIAMENTE. QUANDO APARECEREM RAÍZES NO CABO DA FOLHA, PLANTE-A EM UM VASO COM TERRA.

REGUE A TERRA DO VASO UMA OU DUAS VEZES POR SEMANA, SEM ENCHARCÁ-LA.

A NOVA PLANTINHA CRESCERÁ E UM DIA DARÁ FLORES.

Fotos: Sergio Dotta Jr./Arquivo da editora

DATA: _____ /_____ /_____

UNIDADE 3

VIVENDO EM COMUNIDADE

Jean Carlos Federico/Arquivo da editora

RODA DE CONVERSA

LEIA O POEMA ABAIXO.

A VIZINHANÇA

TANTA GENTE DIFERENTE!
UM É TRISTE,
OUTRO CONTENTE.

DONA SÔNIA,
SEU SILVÉRIO:
ELE É SÉRIO,
ELA RISONHA.
O MANUEL DA PADARIA —
QUE SOTAQUE
DIFERENTE!
SEU HEITOR, TÃO BEM VESTIDO!
LÁ NO BANCO
ELE É GERENTE.

AMIGOS DO PEITO, DE CLÁUDIO THEBAS.
SÃO PAULO: FORMATO, 2006.

Ilustra Cartoon/Arquivo da editora

VOCÊ MORA EM UMA CASA OU EM UM PRÉDIO DE APARTAMENTOS? VOCÊ CONHECE OS SEUS VIZINHOS?
CONVERSE COM O PROFESSOR E OS COLEGAS SOBRE O LUGAR ONDE VOCÊ MORA.

DATA: _____ /_____ /_____

CASA

LEIA O POEMA ABAIXO.

[...]
SEU CIMENTO
E SEU TIJOLO:
ESSA DUPLA
NÃO DESGRUDA...
DO ABRAÇO DESSES DOIS,
VAI SURGINDO
A MORADIA.
UMA CASA!
POXA VIDA!
É O PRINCÍPIO
DA ALEGRIA!!

AMIGOS DO PEITO, DE CLÁUDIO THEBAS.
SÃO PAULO: FORMATO, 2006.

COMO VOCÊ ACHA QUE É A CASA DESCRITA NO POEMA? FAÇA UM DESENHO PARA MOSTRAR.

DATA: ____ /____ /____

FÁBIO E SUA FAMÍLIA MORAVAM EM UMA CASA COM QUINTAL. AGORA ELES SE MUDARAM PARA UM PRÉDIO.

PINTE DE [red] O LOCAL ONDE FÁBIO MORAVA E DE [blue] ONDE ELE MORA AGORA.

DATA: _____ /_____ /_____

EXISTEM VÁRIOS TIPOS DE MORADIA.
DESTAQUE E COLE ABAIXO AS FIGURAS DA PÁGINA 11 DO **MATERIAL DE APOIO**.

CASA TÉRREA

PRÉDIO

SOBRADO

OCA

DATA: _____ /_____ /_____

LEIA O POEMA ABAIXO.

ALGUNS BICHOS TÊM CASAS
MUITO INTERESSANTES.
FORMIGAS, ABELHAS
PODEM DAR AO HOMEM
LIÇÕES DE ARQUITETURA.

E COM QUE FINURA
A RAINHA TECE SUA TEIA,
O MARIMBONDO CONSTRÓI SUA CASA,
O BICHO-DA-SEDA O SEU CASULO.

MAS SOU APAIXONADA MESMO
É PELA CASA REDONDA DO JOÃO-DE-BARRO.

TALVEZ PORQUE SEMPRE
QUISESSE MORAR EM ÁRVORE,
MORAR ASSIM PENDURADA.

LÁ DENTRO DA CASA,
O JOÃO-DE-BARRO E SUA NAMORADA
FAZEM PLANOS PARA O FUTURO.

DAQUI DE FORA EU ESCUTO:
TI TI TI TI TI TI TI TI

CASAS, DE ROSEANA MURRAY. SÃO PAULO: FORMATO, 2009.

Ilustra Cartoon/Arquivo da editora

AGORA DESENHE A SUA CASA.

DATA: _____ /_____ /_____

AS MORADIAS TÊM DIFERENTES CÔMODOS. LIGUE AS FIGURAS AOS NOMES CORRESPONDENTES.

QUARTO

COZINHA

BANHEIRO

SALA

Ilustrações: Ilustra Cartoon/Arquivo da editora

O QUE ESTÁ FALTANDO NESTA CASA? DESTAQUE AS FIGURAS DA PÁGINA 15 DO **MATERIAL DE APOIO** PARA COMPLETÁ-LA.

Ilustra Cartoon/Arquivo da editora

DATA: _____ /_____ /_____

HORA DE BRINCAR

VAMOS CANTAR UMA CANTIGA E DANÇAR?

FUI MORAR NUMA CASINHA-NHA
INFESTADA-DA DE CUPIM-PIM-PIM.
SAIU DE LÁ LÁ LÁ
UMA LAGARTIXA-XA,
OLHOU PRA MIM,
OLHOU PRA MIM E FEZ ASSIM...

FUI MORAR NUMA CASINHA-NHA
ENFEITADA-DA DE FLORZINHA-NHA.
SAIU DE LÁ LÁ LÁ
UMA PRINCESINHA-NHA,
OLHOU PRA MIM,
OLHOU PRA MIM E FEZ ASSIM...

FUI MORAR NUMA CASINHA-NHA
INFESTADA-DA DE MORCEGUINHO-NHO.
SAIU DE LÁ LÁ LÁ
UMA BRUXINHA-NHA,
OLHOU PRA MIM,
OLHOU PRA MIM E FEZ ASSIM...

CANTIGA POPULAR

Ilustra Cartoon/Arquivo da editora

BAIRRO

LETÍCIA E SEU PAI MORAM NA RUA DA PAZ E QUEREM IR À LIVRARIA QUE FICA NA RUA CULTURA. TRACE O CAMINHO QUE ELES DEVEM FAZER PARA IR ATÉ A LIVRARIA.

DATA: ____/____/____

DESENHE E MOSTRE AOS COLEGAS COMO É A RUA ONDE FICA SUA CASA.

COMPLETE A FICHA COM A AJUDA DE UM ADULTO.

MINHA CASA FICA...

NA (RUA/AVENIDA): ______________________________

______________________________ NÚMERO: ____________

NO BAIRRO: ____________________ (APARTAMENTO/CASA): ____________

DATA: ____ /____ /____

MATEUS E BIANCA SÃO VIZINHOS. ELE MORA EM UMA CASA AZUL E BIANCA MORA EM UM SOBRADO. QUAL É A CASA DE BIANCA? ASSINALE-A COM UM **X**.

MARQUE COM UM **X** A FIGURA QUE MAIS SE PARECE COM O BAIRRO ONDE VOCÊ MORA.

Ilustrações: Ilustra Cartoon/Arquivo da editora

DATA: ______ /______ /______

E O BAIRRO DE SUA ESCOLA, COMO É? FAÇA UM DESENHO NO ESPAÇO ABAIXO.

COM A AJUDA DO PROFESSOR, COMPLETE A FICHA COM O ENDEREÇO DE SUA ESCOLA.

MINHA ESCOLA FICA...

NA (RUA/AVENIDA): ______________________________

______________________________ NÚMERO: ______________

NO BAIRRO: ______________ NA CIDADE: ______________

DATA: _____ /_____ /_____

ESCOLA

PINTE A CRIANÇA QUE REPRESENTA COMO VOCÊ SE SENTIU NO PRIMEIRO DIA DE AULA.

IRRITADO

CALMO

ALEGRE

TÍMIDO

TRISTE

Ilustrações: Roberto Higa/Arquivo da editora

A, B, C... MUITO PRAZER
EM CONHECER A TURMA INTEIRA!
QUE GOSTOSO SABER LER
LIVRO, CARTA, BABOSEIRA.

ANTES DISSO EU ANDAVA PELA RUA ADIVINHANDO...
O QUE SERÁ QUE ESTÁ ESCRITO?
ONDE, COMO, QUEM E QUANDO?

POESIAS PARA CRIANÇAS, DE EVELYN HEINE. SÃO PAULO: TODOLIVRO, 2006.

VOCÊ GOSTA DE IR À ESCOLA? POR QUE É IMPORTANTE ESTUDAR?

DATA: _____ /_____ /_____

DESENHE O QUE VOCÊ MAIS GOSTA DE FAZER NA ESCOLA. NÃO SE ESQUEÇA DE COLORIR.

DATA: ____ /____ /____

OBSERVE O DESENHO DE UMA SALA DE AULA.

Ilustrações: Ilustra Cartoon/Arquivo da editora

AGORA, VEJA O DESENHO DA MESMA SALA, VISTA DE CIMA.

NA SEGUNDA CENA, HÁ UMA COISA A MAIS. O QUE É? CIRCULE.

AGORA, É A SUA VEZ DE DESENHAR SUA SALA DE AULA.

PRIMEIRO, OBSERVE BEM A CLASSE. DEPOIS, FAÇA DE CONTA QUE VOCÊ ESTÁ OLHANDO DE CIMA, COMO SE ESTIVESSE SOBREVOANDO A SALA. FAÇA UM DESENHO DA DISPOSIÇÃO DAS MESAS NA SALA E MARQUE COM UM **X** O LUGAR ONDE VOCÊ SE SENTA.

COM A AJUDA DO PROFESSOR, COMPLETE AS LACUNAS:

EM MINHA CLASSE, HÁ ________ ALUNOS E MEU PROFESSOR SE CHAMA ______________________

____.

DATA: _____ /_____ /_____

HÁ MUITAS PESSOAS QUE TRABALHAM NA ESCOLA. ESTAS, POR EXEMPLO, SÃO ALGUMAS DELAS. VOCÊ SABE O QUE CADA UMA DELAS FAZ?

Ale Ruaro/Pulsar Imagens

PROFESSORA

Jim West/Alamy/Glow Images

FAXINEIRA

Karam Miri/Shutterstock/Glow Images

BIBLIOTECÁRIA

Wizdata/Shutterstock/Glow Images

DIRETORA

Lemoine/BSIP/Glow Images

MERENDEIRA

DATA: _____ /_____ /_____

PROFISSÕES

OBSERVE BEM AS FOTOGRAFIAS A SEGUIR. DEPOIS CONVERSE COM OS COLEGAS E O PROFESSOR SOBRE AS ATIVIDADES DESSES PROFISSIONAIS.

Wavebreak Media ltd / Alamy/Glow Images

VENDEDORA

1000 Words/Shutterstock/Glow Images

SEGURANÇA

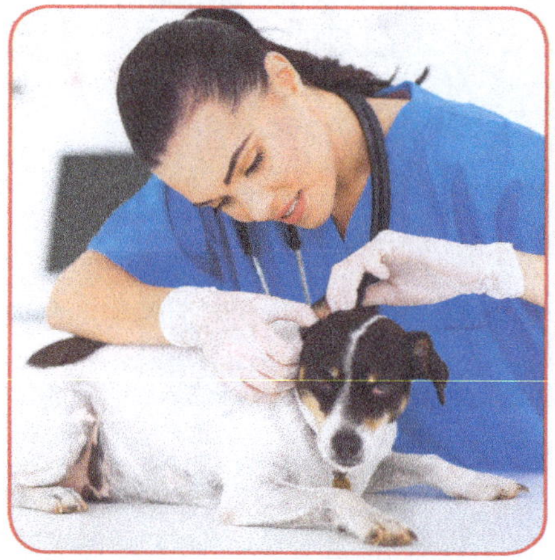

Michael Jung/Shutterstock/Glow Images

VETERINÁRIA

Dmitry Kalinovsky/Shutterstock/Glow Images

PEDREIRO

AVAVA/Shutterstock/Glow Images

MÉDICA

Andrey Armyagov/Shutterstock/Glow Images

MÚSICO

Thomaz Vita Neto/Pulsar Imagens

COSTUREIRA

Gerson Gerloff/Pulsar Imagens

BOMBEIRO

DATA: _____ /_____ /_____

FAZENDO ARTE

CONVERSE COM OS COLEGAS DE CLASSE E O PROFESSOR SOBRE OS PROFISSIONAIS RETRATADOS NAS OBRAS ABAIXO.

Reprodução/Museu de Arte de São Paulo Assis Chateaubriand, São Paulo, SP.

O LAVRADOR DE CAFÉ, DE CANDIDO PORTINARI, 1939.

Patrice Schmidt/Museu d'Orsay, Paris, França.

BAILARINAS, DE EDGAR DEGAS, 1884-1885.

Marcus Correa/Coleção Cora Pabst

RIVELINO, DE ALDEMIR MARTINS, 1970.

DATA: _____ /_____ /_____

AGORA, PENSE EM UM PROFISSIONAL QUE VOCÊ ADMIRA E FAÇA UM DESENHO PARA REPRESENTÁ-LO.

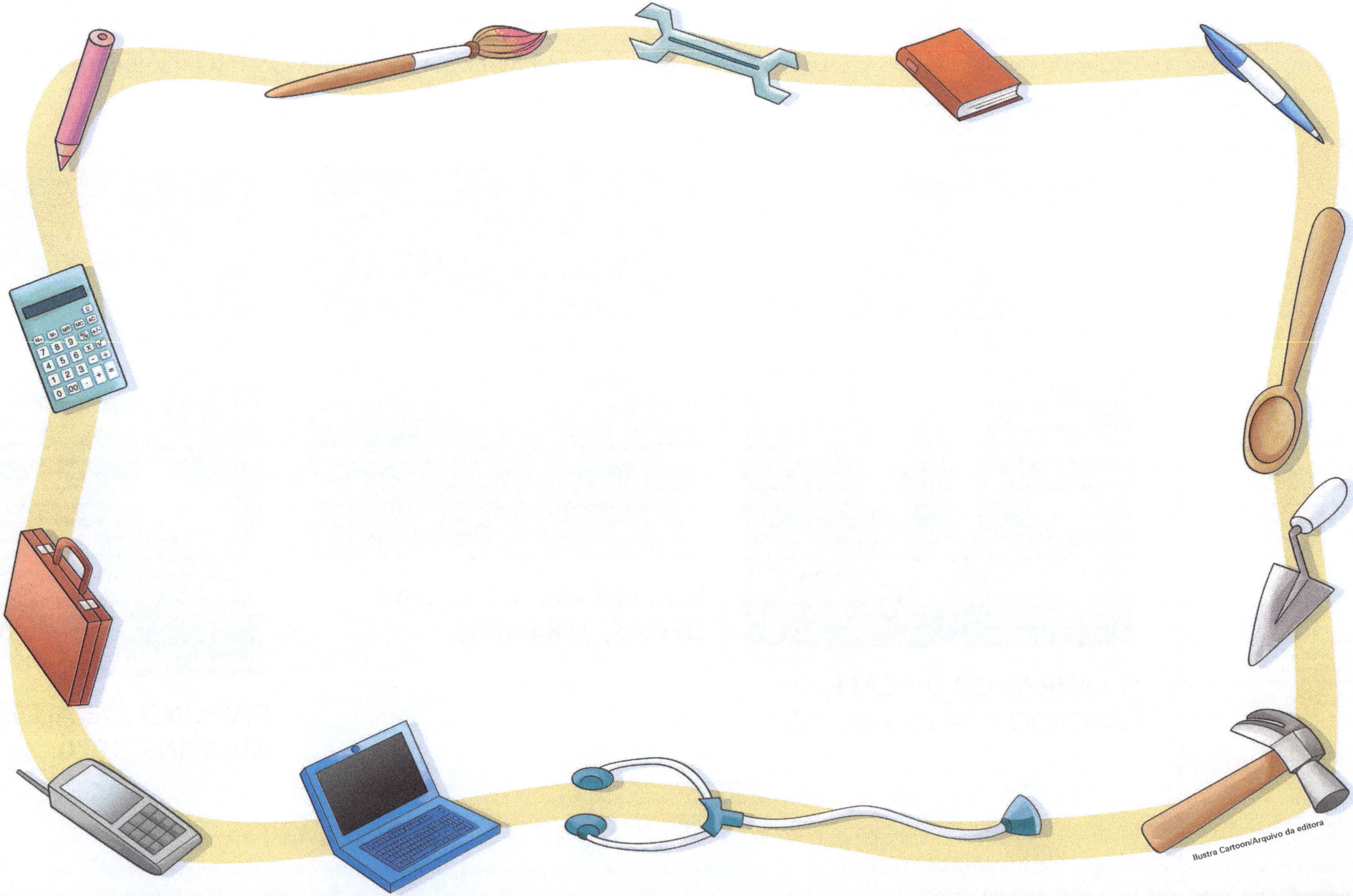

Ilustra Cartoon/Arquivo da editora

DATA: _____ /_____ /_____

NUMERE AS CENAS A SEGUIR NA ORDEM EM QUE ACONTECERAM OS FATOS. DEPOIS EXPLIQUE A UM COLEGA O QUE CADA PROFISSIONAL FEZ.

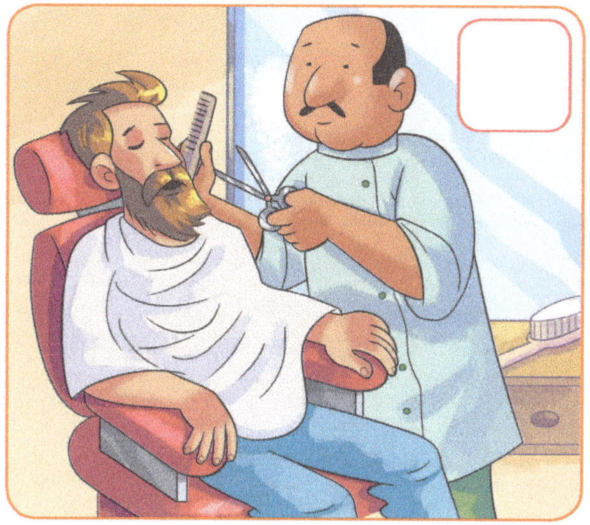

Ilustrações: Ilustra Cartoon/Arquivo da editora

DATA: _____ /_____ /_____

OBSERVE BEM AS FIGURAS. O QUE APARECE NAS DUAS CENAS?

Ilustrações: Ilustra Cartoon/Arquivo da editora

O QUE VOCÊ GOSTARIA DE SER QUANDO CRESCER?
FAÇA UM DESENHO DA PROFISSÃO QUE VOCÊ GOSTARIA DE TER E CONTE AOS COLEGAS COMO VOCÊ IMAGINA QUE SEJA ESSE TRABALHO.

DATA: _____ /_____ /_____

O TEMA É...

CUIDAR DO MEIO AMBIENTE!

VOCÊ SABIA QUE MUITAS COISAS QUE JOGAMOS NO LIXO PODEM SER RECICLADAS? OBSERVE AS LIXEIRAS DE RECICLAGEM E DESENHE O LIXO QUE VOCÊ JOGARIA EM CADA UMA DELAS.

Ilustrações: Ilustra Cartoon/Arquivo da editora

DATA: _____ /_____ /_____

HORA DA DESCOBERTA

FLORES DE PAPEL

VOCÊ SABE DO QUE É FEITO O PAPEL?

LIXO É RECICLÁVEL

PAPEL É BOM
PRA SE ESCREVER
E FAZER LIVROS
PRA GENTE LER

MAS O PAPEL
PARA NASCER
ALGUMA ÁRVORE
TEM QUE MORRER

POR ISSO SEMPRE
VAMOS POUPAR
E O PAPEL VELHO
REAPROVEITAR

POUPAR RECURSOS
É BOM PRA GENTE
NÃO ESGOTAR
NOSSO AMBIENTE

SEIS RAZÕES PARA DIMINUIR O LIXO NO MUNDO,
DE NÍLSON JOSÉ MACHADO E SILMARA RASCALHA CASADEI.
SÃO PAULO: ESCRITINHA, 2007.

Ilustra Cartoon/Arquivo da editora

DATA: ____ /____ /____

FLORES DE PAPEL

VAMOS REAPROVEITAR PAPEL? COM A AJUDA DE UM ADULTO, FAÇA FLORES DE PAPEL.

MATERIAL NECESSÁRIO

- ROLOS DE PAPEL HIGIÊNICO
- TESOURA SEM PONTAS
- TINTA GUACHE
- COLA BRANCA
- CARTOLINA

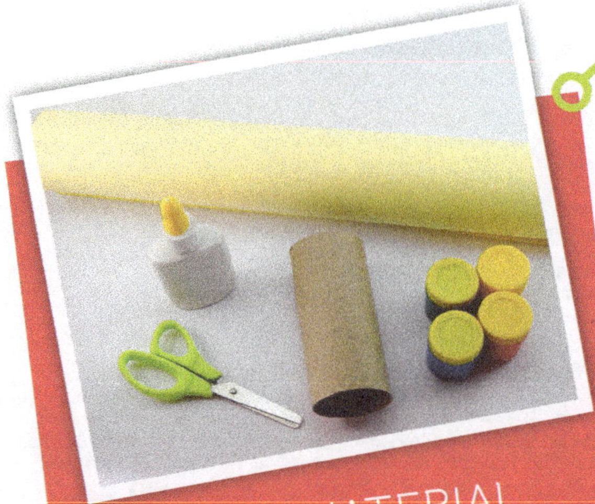

REÚNA O MATERIAL NECESSÁRIO PARA COMEÇAR A CONFECCIONAR A SUA FLOR.

Fotos: Renata Martins/Arquivo da editora

CORTE OS ROLOS EM CINCO PARTES IGUAIS, FORMANDO PEQUENOS AROS. DOBRE-OS NA METADE, DE MANEIRA QUE FORMEM AS PÉTALAS.

PINTE CADA PÉTALA COM A COR DE SUA PREFERÊNCIA. JUNTE AS CINCO PÉTALAS E COLE-AS COM A COLA BRANCA, FORMANDO UMA FLOR. DESENHE O CAULE E AS FOLHAS PARA COMPLETÁ-LA.

PRONTO! VOCÊ PODE FAZER QUANTAS FLORES DESEJAR!

DATA: _____ /_____ /_____

UNIDADE 4

MEIOS DE TRANSPORTE

Juan Carlos Federico/Arquivo da editora

RODA DE CONVERSA

FABÍOLA COSTUMA PASSAR OS FINS DE SEMANA NA CASA DO PAI.
OBSERVE A CENA A SEGUIR E DISCUTA COM OS COLEGAS E O PROFESSOR:

Ilustra Cartoon/Arquivo da editora

QUAL É O MEIO DE TRANSPORTE QUE FABÍOLA E O PAI USAM PARA CHEGAR ATÉ A CASA DELES?
COM QUEM VOCÊ COSTUMA PASSAR OS FINS DE SEMANA?
COMO VOCÊ FAZ PARA MANTER CONTATO COM PESSOAS QUE NÃO VÊ TODOS OS DIAS?

DATA: _____ /_____ /_____

MEIOS DE TRANSPORTE

QUAIS DESSES MEIOS DE TRANSPORTE VOCÊ JÁ UTILIZOU? ASSINALE COM UM **X**.

Andresr/Shutterstock/Glow Images

Peter38/Shutterstock/Glow Images

Daniel Cymbalista/Pulsar Imagens

Palê Zuppani/Pulsar Imagens

hfng/Shutterstock/Glow Images

best images/Shutterstock/Glow Images

Mauricio Simonetti/Pulsar Imagens

Rogério Reis/Pulsar Imagens

DATA: _____ /_____ /_____

ANNE-LISE MORA NA FRANÇA E, NO PRÓXIMO ANO, VIRÁ AO BRASIL PASSAR AS FÉRIAS NA CASA DOS AVÓS.

O AVÔ DISSE QUE ELA VERÁ AS NUVENS DE PERTO ENQUANTO ESTIVER VIAJANDO.

QUE MEIO DE TRANSPORTE A MENINA USARÁ PARA FAZER ESSA VIAGEM? ASSINALE.

Ilustra Cartoon/Arquivo da editora

Ilja Masik/Shutterstock/Glow Images

AVIÃO

Ann Cantelow/Shutterstock/Glow Images

CARRO

matabum/Shutterstock/Glow Images

BICICLETA

Dmitry Nikolaev/Shutterstock/Glow Images

TREM

ACOMPANHE A LEITURA E LIGUE CADA CRIANÇA AO SEU RESPECTIVO MEIO DE TRANSPORTE.

FELIPE VAI PARA A ESCOLA COM OUTRAS CRIANÇAS NO MESMO MEIO DE TRANSPORTE.

GABRIELA USA UM MEIO DE TRANSPORTE QUE TEM APENAS DUAS RODAS PARA PASSEAR NO PARQUE.

QUANDO VAI VISITAR O SEU AVÔ NO SÍTIO, JOAQUIM USA UM MEIO DE TRANSPORTE QUE É MUITO COMUM NO CAMPO.

Ilustra Cartoon/Arquivo da editora

VOCÊ USA TRANSPORTE COLETIVO? ASSINALE AS CENAS QUE MOSTRAM ATITUDES QUE COLABORAM PARA A PRESERVAÇÃO DOS MEIOS DE TRANSPORTE.

Ilustrações: Ilustra Cartoon/Arquivo da editora

OS MEIOS DE TRANSPORTE PODEM SER TERRESTRES, AÉREOS OU AQUÁTICOS.
DESTAQUE AS FIGURAS DA PÁGINA 13 DO **MATERIAL DE APOIO** E COLE-AS NOS QUADROS CORRETOS.

MEIOS DE TRANSPORTE TERRESTRES	MEIOS DE TRANSPORTE AÉREOS	MEIOS DE TRANSPORTE AQUÁTICOS

DATA: ____ /____ /____

COMO É O MEIO DE TRANSPORTE QUE VOCÊ MAIS UTILIZA?
ASSINALE E DEPOIS FAÇA UM DESENHO DELE.

TERRESTRE ☐	AÉREO ☐	AQUÁTICO ☐

DATA: _____ /_____ /_____

O TEMA É...

ANDAR COM CONSCIÊNCIA!

COMO VOCÊ VAI PARA A ESCOLA? VOCÊ USA ALGUM MEIO DE TRANSPORTE? VEJA AS CENAS E DISCUTA COM SEUS COLEGAS: QUAL É A MELHOR MANEIRA DE IR PARA A ESCOLA?

Ilustrações: Ilustra Cartoon/Arquivo da editora

TRÂNSITO

ACOMPANHE A LEITURA DO TEXTO SOBRE AS CORES DO SEMÁFORO.

AVISOS COLORIDOS DOS SINAIS

VERMELHO – DÁ ORDEM PARA OS VEÍCULOS *NÃO PASSAREM*. INDICA VERDE PARA OS PEDESTRES.
AÍ VOCÊ, PEDESTRE, ATRAVESSA. [...]
AMARELO – NEM SEMPRE ESTÁ NAS ESQUINAS.
VENDO-O, VOCÊ JÁ SABE: ELE INDICA *ATENÇÃO*.
QUER DIZER: OLHAR PARA TODOS OS LADOS, TOMAR CUIDADO.
VERDE – ILUMINADO PARA VEÍCULOS, QUER DIZER VERMELHO PARA OS PEDESTRES. SE VOCÊ FOR PEDESTRE, *NÃO ATRAVESSE*. NÃO SE ARRISQUE, ESPERE. [...]

DE OLHO NOS SINAIS – UMA HISTÓRIA PELA EDUCAÇÃO NO TRÂNSITO,
DE JULIETA DE GODOY LADEIRA. SÃO PAULO: ATUAL, 1995.

Ilustra Cartoon/Arquivo da editora

DESTAQUE AS FIGURAS DA PÁGINA 15 DO **MATERIAL DE APOIO** E COLE-AS CORRETAMENTE NOS SEMÁFOROS ABAIXO.

SEMÁFORO DE PEDESTRES

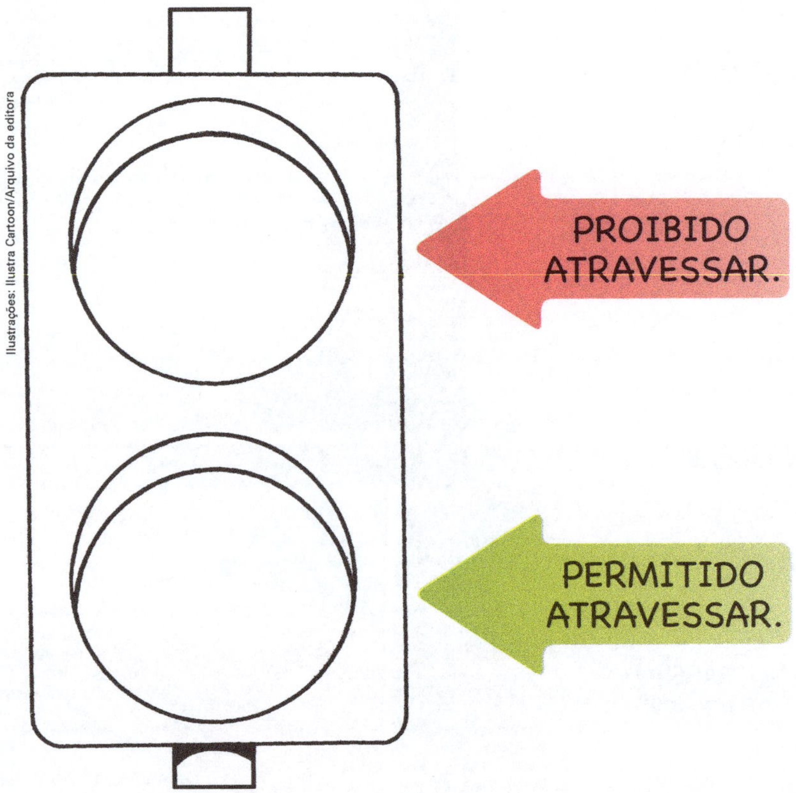

SEMÁFORO DE VEÍCULOS

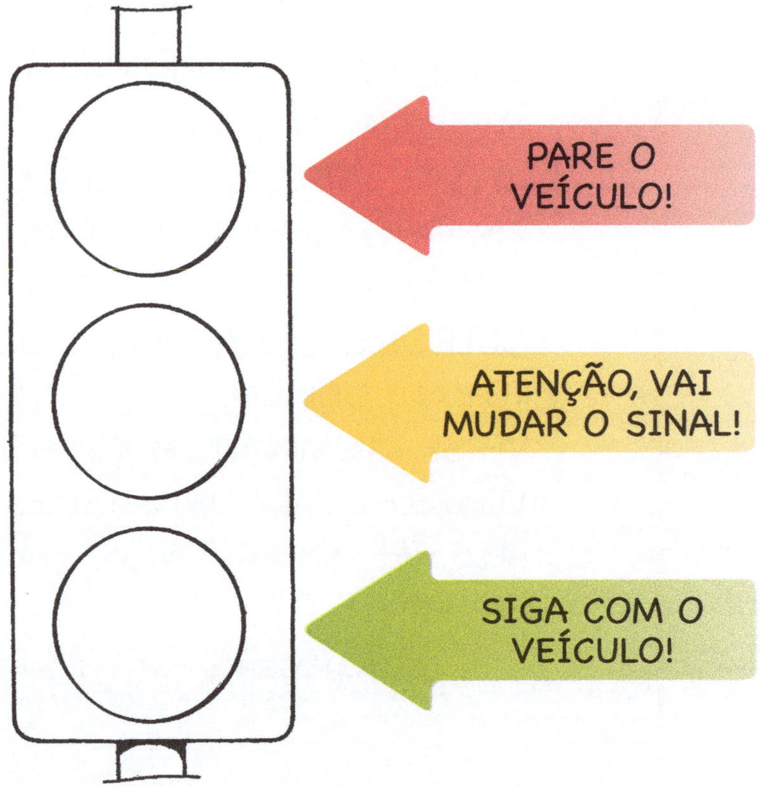

Ilustrações: Ilustra Cartoon/Arquivo da editora

OBSERVE A CENA A SEGUIR E ASSINALE O QUE OS VEÍCULOS E OS PEDESTRES DEVEM FAZER.

Ilustrações: Ilustra Cartoon/Arquivo da editora

☐ O VEÍCULO DEVE PROSSEGUIR.

☐ O VEÍCULO DEVE AGUARDAR.

☐ O PEDESTRE DEVE PROSSEGUIR.

☐ O PEDESTRE DEVE AGUARDAR.

DATA: _____ /_____ /_____

DESCUBRA TRÊS DIFERENÇAS ENTRE AS CENAS.

Ilustrações: Ilustra Cartoon/Arquivo da editora

EM QUAL CENA AS PESSOAS ESTÃO AGINDO CORRETAMENTE? CONVERSE COM OS COLEGAS E O PROFESSOR.

DATA: ____ /____ /____

HÁ PLACAS PARA INFORMAR O QUE É **PROIBIDO**, O QUE É **OBRIGATÓRIO** E O QUE É **PERMITIDO** NO TRÂNSITO. DESTAQUE AS PLACAS DA PÁGINA 15 DO **MATERIAL DE APOIO** E COLE-AS NA CENA ABAIXO.

Ilustra Cartoon/Arquivo da editora

DATA: _____ /_____ /_____

MEIOS DE COMUNICAÇÃO

OBSERVE ABAIXO ALGUNS MEIOS DE COMUNICAÇÃO. QUAIS DELES VOCÊ CONHECE? ASSINALE.

Hywit Dimyadi/Shutterstock/Glow Images

TELEVISÃO

Reprodução/Editora do Instituto Ciência Hoje

REVISTA

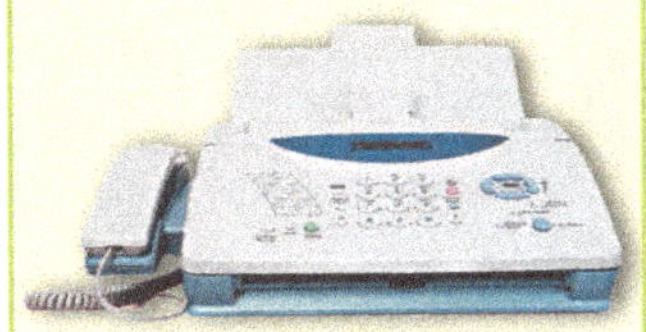

Shutterstock/Glow Images

FAX

Songquan Deng/Shutterstock/Glow Images

TELEFONE

Karam Miri/Shutterstock/Glow Images

COMPUTADOR

magicoven/Shutterstock/Glow Images

JORNAL

Renata Martins/Arquivo da editora

LIVRO

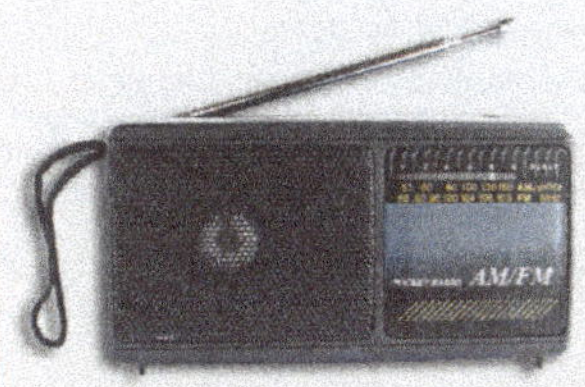

Constantinos/Shutterstock/Glow Images

RÁDIO

MilousSK/Shutterstock/Glow Images

CARTA

Maxx-Studio/Shutterstock/Glow Images

CELULAR

DATA: _____ /_____ /_____

ENUMERE OS QUADRINHOS NA ORDEM DOS ACONTECIMENTOS.

Ilustrações: Ilustra Cartoon/Arquivo da editora

VEJA A CARTA QUE A RENATA ENVIOU PARA O GABRIEL.

Fotos: Renata Martins/Arquivo da editora

AGORA, IMAGINE QUE VOCÊ VAI ENVIAR UMA CARTA A UM COLEGA E PREENCHA OS DADOS ABAIXO:

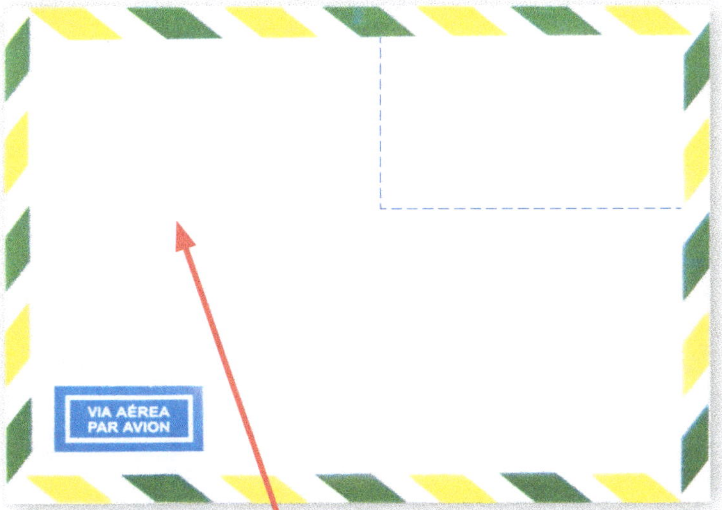

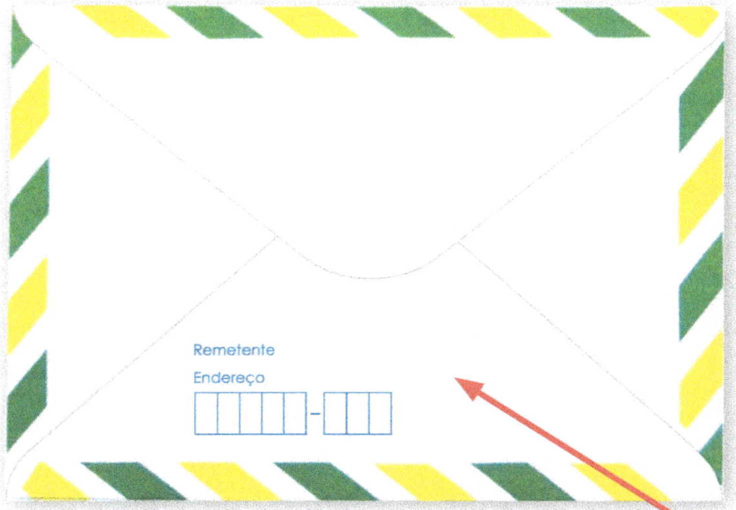

DADOS DO SEU COLEGA

SEUS DADOS

VOCÊ JÁ OUVIU FALAR DA LÍNGUA BRASILEIRA DE SINAIS (LIBRAS)? NELA, AS PESSOAS SE COMUNICAM POR MEIO DE GESTOS, SINAIS E EXPRESSÕES FACIAIS E CORPORAIS. CONHEÇA O ALFABETO MANUAL EM LIBRAS.

Fotos: Eduardo Santaliestra/Arquivo da editora

ESCREVA NOS QUADRINHOS A LETRA CORRESPONDENTE A CADA SINAL E DESCUBRA A MENSAGEM DE JOANA.

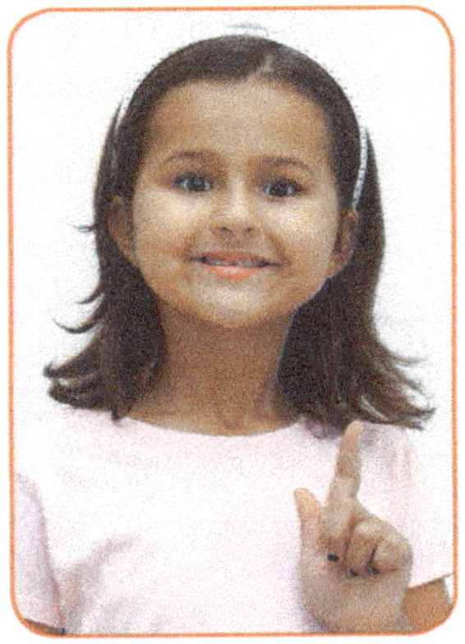
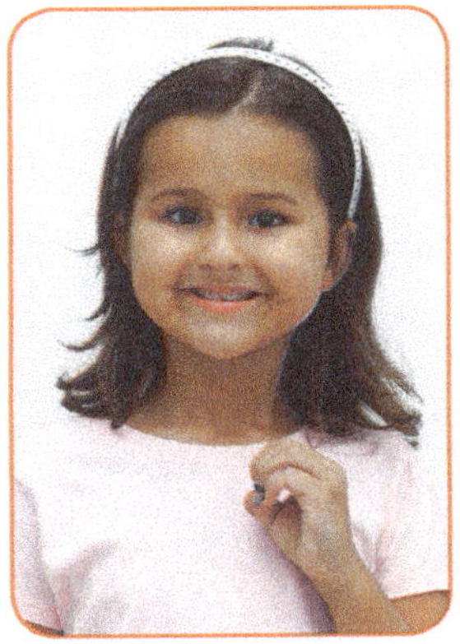
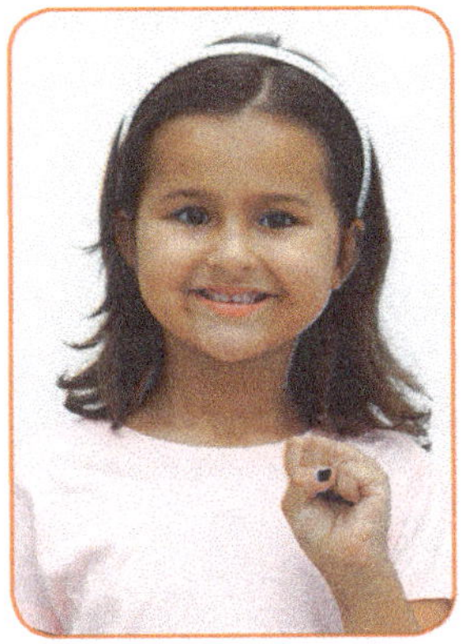

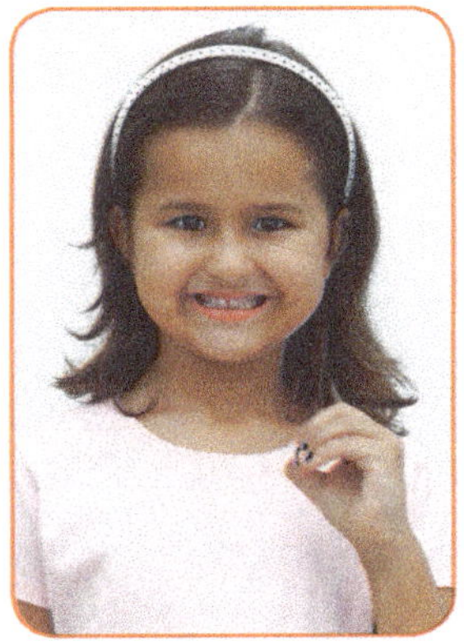

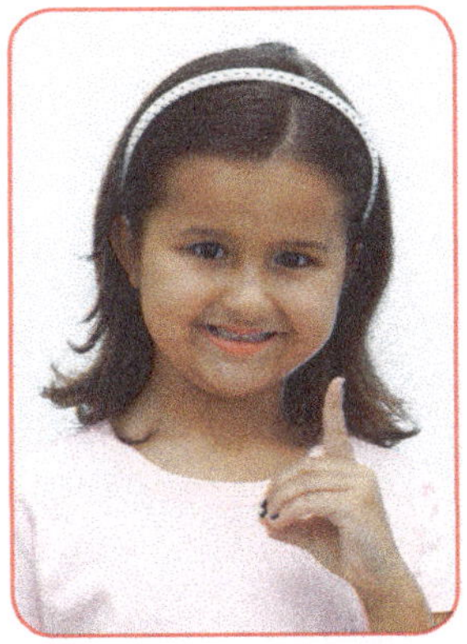

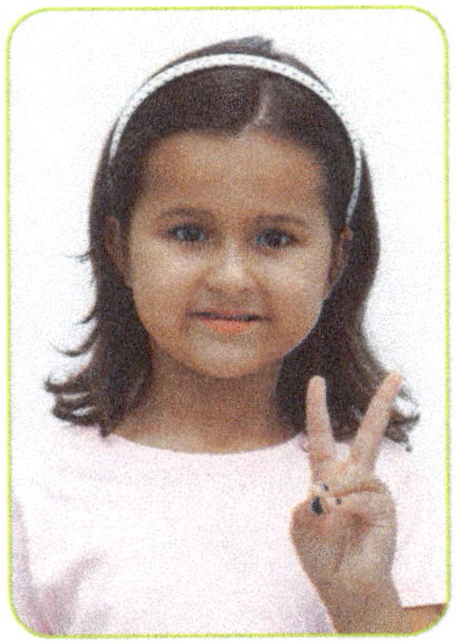
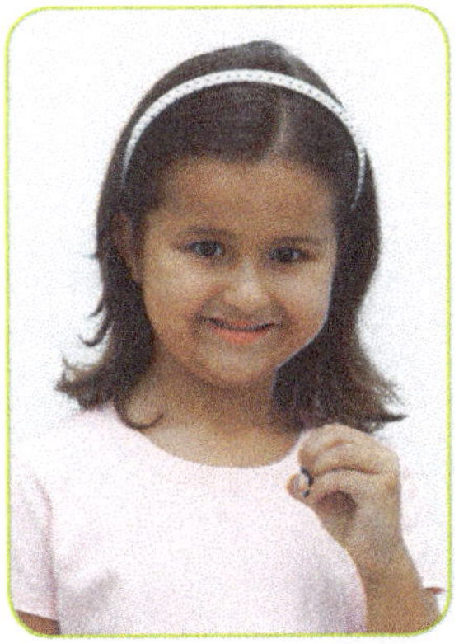
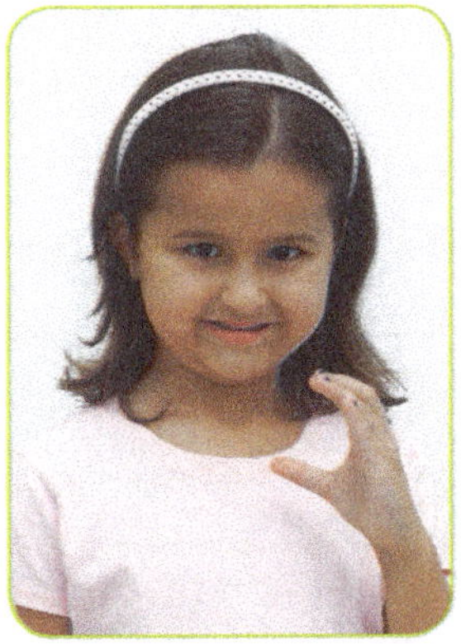

^

Fotos: Sergio Dotta Jr./Arquivo da editora

DATA: _____ /_____ /_____

TAMBÉM NOS COMUNICAMOS POR MEIO DE DESENHOS. QUAL É A MENSAGEM DESTE DESENHO?

Ilustra Cartoon/Arquivo da editora

AGORA, É SUA VEZ. PASSE UMA MENSAGEM POR MEIO DE DESENHO. DEPOIS, MOSTRE AOS COLEGAS.

DATA: _____ /_____ /_____

HORA DA DESCOBERTA

CARRO ECOLÓGICO

JÁ PENSOU COMO SERIA O MUNDO SE OS CARROS NÃO POLUÍSSEM O AR? CONVERSE COM O PROFESSOR E OS COLEGAS.

Ilustra Cartoon/Arquivo da editora

DATA: ____ /____ /____

CARRO ECOLÓGICO

DESCUBRA COMO FAZER UM CARRO QUE NÃO POLUI, UM CARRO ECOLÓGICO!

MATERIAL NECESSÁRIO

- 1 ROLINHO DE PAPEL HIGIÊNICO
- 4 TAMPINHAS DE GARRAFA PET
- 2 PALITOS DE CHURRASCO
- 1 BEXIGA
- 1 CANUDINHO
- TINTAS COLORIDAS
- FITA ADESIVA

COM A AJUDA DE UM ADULTO, FURE O MEIO DAS TAMPINHAS E O ROLINHO, CONFORME MOSTRADO NA FOTO.

PASSE OS PALITOS PELO ROLINHO, ENCAIXE AS TAMPINHAS E DECORE SEU CARRINHO. DEPOIS, COLE O CANUDINHO COM FITA ADESIVA.

Fotos: Sergio Dotta Jr./Arquivo da editora

PRENDA COM FITA ADESIVA A BEXIGA NO CANUDINHO. EXPERIMENTE ENCHÊ-LA DE AR E SOLTAR SEU CARRINHO NO CHÃO. O QUE ACONTECE?

DATA: _____ /_____ /_____

SUGESTÕES PARA O ALUNO

LIVROS

Reprodução/Editora Biruta

AS HISTÓRIAS INCRÍVEIS DO SENHOR SERAFIM, DE BRIGITTE MINNE E GITTE VANCOILLIE. SÃO PAULO: BIRUTA, 2009.

COM ESTE LIVRO VOCÊ CONHECERÁ O SENHOR SERAFIM, UM PERSONAGEM DIFERENTE QUE GUARDA UMA HISTÓRIA PARA TORNAR TODAS AS PESSOAS FELIZES.

Reprodução/Editora Cosac Naify

HORA DE SAIR DA BANHEIRA, SHIRLEY!, DE JOHN BURNINGHAM. SÃO PAULO: COSAC NAIFY, 2011.

SHIRLEY CONSEGUE TRANSFORMAR SUA BANHEIRA EM UM MUNDO FANTÁSTICO E CHEIO DE MAGIA. MAS OS BANHOS NÃO PODEM SER MUITO LONGOS, NÃO É MESMO? ESTÁ NA HORA DE SAIR DA BANHEIRA!

Reprodução/Editora Ática

JOÃO FEIJÃO, DE SYLVIA ORTHOF. SÃO PAULO: ÁTICA, 2008.

A TERRA ESTÁ MUITO SECA... SÓ A CHUVA PODE AJUDAR JOÃO, O PÉ DE FEIJÃO, A BROTAR E CRESCER!

Reprodução/Editora Salamandra

O PLANETA TERRA, DE SYLVIE BAUSSIER E FABIENNE TEYSSEDRE. SÃO PAULO: SALAMANDRA, 2007.

NO COMEÇO, NINGUÉM CONSEGUIA VIVER NO PLANETA TERRA: ELE ERA UMA BOLA DE FOGO, SEM ÁGUA. HOJE, PODEMOS ADMIRAR AS MONTANHAS E AS PLANÍCIES, AS ÁRVORES E OS ANIMAIS...
ESTE LIVRO NOS TRAZ A OPORTUNIDADE DE CONHECER MELHOR O NOSSO PLANETA E DE APRENDER A CUIDAR DELE.

Reprodução/Editora Scipione

"POR FAVOR...", DE BEATRIZ MEIRELLES E FÁBIO SGROI. SÃO PAULO: SCIPIONE, 2005. (VALORES).

AS BOAS MANEIRAS SEMPRE PODEM NOS AJUDAR A AGIR E A INTERAGIR DE UM JEITO FÁCIL E HARMONIOSO. O IMPORTANTE É FAZER AMIGOS EM CADA LUGAR POR ONDE PASSAMOS.

Reprodução/Editora Callis

UM PRESENTE DIFERENTE, DE MARTA AZCONA E ROSA OSUNA. SÃO PAULO: CALLIS, 2012.

UM PEDAÇO DE PANO XADREZ PODE SE TORNAR BRINQUEDO? MARCEL CONSEGUIU FAZER ESSA TRANSFORMAÇÃO USANDO SUA IMAGINAÇÃO. DESCUBRA TAMBÉM QUE OUTRAS COISAS PODEM SE TORNAR BRINQUEDOS INCRÍVEIS.

Reprodução/Editora Biruta

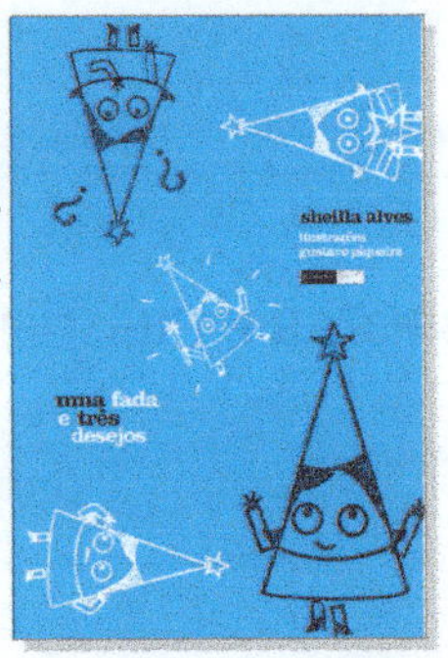

UMA FADA E TRÊS DESEJOS, DE SHEILA ALVES E GUSTAVO PIQUEIRA. SÃO PAULO: BIRUTA, 2008.

ESTA É A HISTÓRIA DE UMA FADA QUE TEM O SONHO DE SER UMA FADA AZUL, O CARGO MAIS ALTO DO CONSELHO MUNICIPAL DE FADAS. PARA ISSO ELA TERÁ DE DISTRIBUIR DESEJOS ENTRE OS PERSONAGENS DAS HISTÓRIAS E TORCER PARA QUE TUDO DÊ CERTO.

Reprodução/Publifolha

VEÍCULOS, DE DORLING KINDERSLEY. SÃO PAULO: PUBLIFOLHA, 2011. (ABRA E DESCUBRA).

BARCO A VELA, CARRINHO DE CORRIDA E TRENZINHO SÃO ALGUNS DOS MEIOS DE TRANSPORTE APRESENTADOS NESTE LIVRO. ELE APRESENTA, AINDA, QUAIS SÃO OS SONS DE CADA UM E PARA QUE SERVEM.

Ilustrações: Juan Carlos Federico/Arquivo da editora

CDs

Reprodução/Editora Philips

OS SALTIMBANCOS, DE CHICO BUARQUE. BRASIL: UNIVERSAL, 1977.

O CD É UMA ADAPTAÇÃO MUSICAL FEITA POR CHICO BUARQUE DO CONTO "OS MÚSICOS DE BREMEN", DOS IRMÃOS GRIMM.

Divulgação/Radar Records

PEQUENO CIDADÃO, DE PEQUENO CIDADÃO. BRASIL: RADAR RECORDS, 2013.

GRANDES ARTISTAS DA MÚSICA BRASILEIRA SE UNIRAM PARA GRAVAR UM DISCO, COM COMPOSIÇÕES FEITAS PARA SEUS PRÓPRIOS FILHOS, PARA PROVAR QUE É POSSÍVEL FAZER MÚSICA DE GENTE GRANDE TAMBÉM PARA AS CRIANÇAS.

DVD

Reprodução/Walt Disney Pictures

VIDA DE INSETO. DIREÇÃO DE JOHN LASSETER E ANDREW STANTON. PRODUÇÃO: DARLA K. ANDERSON E KEVIN REHER. ESTADOS UNIDOS: DISNEY, 1998.

FLIK É UMA FORMIGA CRIATIVA QUE PARTE EM BUSCA DE INSETOS GUERREIROS PARA DEFENDER SUA COLÔNIA DE UM BANDO DE GAFANHOTOS LIDERADO POR HOPPER. MAS LOGO TODOS DO FORMIGUEIRO DESCOBREM QUE O EXÉRCITO DE INSETOS É NA VERDADE O GRUPO DE ATORES DE UM CIRCO DE PULGAS... E AGORA?

SITES@

<WWW.CLUBINHOSABESP.COM.BR>

<WWW.ESCOLAGAMES.COM.BR>

<HTTP://PEIXONAUTA.UOL.COM.BR>

<WWW.SMARTKIDS.COM.BR>

@ ACESSO EM: 26 MAR. 2015.

Ilustrações: Juan Carlos Federico/Arquivo da editora

BIBLIOGRAFIA

ADAMS, M. J. et al. *Consciência fonológica em crianças pequenas*. Porto Alegre: Artmed, 2006.

ALMEIDA, Rosangela Doin de. *Espaço e tempo na Educação Infantil*. São Paulo: Contexto, 2014.

AYRES, Sonia Nunes. *Educação Infantil*: teorias e práticas para uma proposta pedagógica. Petrópolis: Vozes, 2012.

BRASIL. Ministério da Educação. Secretaria de Educação Fundamental. *Referencial Curricular Nacional para a Educação Infantil*. Brasília, 1998. 3 v.

BRITO, T. A. *Música na Educação Infantil*. São Paulo: Peirópolis, 2003.

CARVALHO, Mercedes; BAIRRAL, Marcelo Almeida (Org.). *Matemática e Educação Infantil*: investigação e possibilidades de práticas pedagógicas. Petrópolis: Vozes, 2012.

CHATEAU, J. *O jogo e a criança*. São Paulo: Summus, 1987.

COLL, C.; MARTIN, E. et al. *Aprender conteúdos e desenvolver capacidades*. Tradução de Cláudia Schilling. Porto Alegre: Artmed, 2004.

CÓRIA-SABINI, Maria Aparecida. *Jogos e brincadeiras na Educação Infantil*. Campinas: Papirus, 2012.

DANTE, L. *Didática da Matemática na pré-escola*. São Paulo: Ática, 1996.

DEVRIES, R. *O currículo construtivista na Educação Infantil*: práticas e atividades. Porto Alegre: Artmed, 2003.

FABER, A.; MAZLISH, E. *Como falar para o aluno aprender*. São Paulo: Summus, 2005.

FERREIRA, S. *Imaginação e linguagem no desenho da criança*. Campinas: Papirus, 1998.

FERREIRO, E. *Reflexões sobre alfabetização*. São Paulo: Cortez, 2001.

FRIEDMANN, A. *A arte de brincar*: brincadeiras e jogos tradicionais. Petrópolis: Vozes, 2004.

________. *Brincar*: crescer e aprender; o resgate do jogo infantil. São Paulo: Moderna, 1998.

GARDNER, H. *A criança pré-escolar*: como pensa e como a escola pode ensiná-la. Tradução de C. A. N. Soares. Porto Alegre: Artmed, 1994.

GOBBI, Maria Aparecida; PINAZZA, Mônica Appezzato (Org.). *Infância e suas linguagens*. São Paulo: Cortez, 2014.

HOFFMAN, J. *Avaliação na pré-escola*: um olhar sensível e reflexivo sobre a criança. Porto Alegre: Mediação, 1999.

JEANDOT, N. *Explorando o universo da música*. São Paulo: Scipione, 1990.

JESUS, A. C. A. de. *Como aplicar jogos e brincadeiras na Educação Infantil*. Rio de Janeiro: Brasport, 2010.

JUNQUEIRA FILHO, G. *Linguagens geradoras*: seleção e articulação de conteúdos em Educação Infantil. Porto Alegre: Mediação, 2005.

KAMII, C.; JOSEPH, L. L. *Crianças pequenas continuam reinventando a Aritmética*: implicações da teoria de Piaget. Porto Alegre: Artmed, 2005.

KANAN, Fabiana. *Brincar*: aprendizagem para a vida. Tradução de Avril Brock. Porto Alegre: Penso, 2011.

KRAEMER, M. L. *Quando brincar é aprender*. São Paulo: Loyola, 2007.

LE BOULCH, J. *Educação psicomotora*: a psicocinética na idade escolar. Tradução de Jeni Wolff. Porto Alegre: Artmed, 1987.

LUCKESI, C. C. *Avaliação da aprendizagem escolar*. São Paulo: Cortez, 2003.

MACEDO, L.; PETTY, A. L. S.; PASSOS, N. C. *Aprender com jogos e situações-problema*. Porto Alegre: Artmed, 2000.

MACHADO, M. *O brinquedo-sucata e a criança*: a importância do brincar: atividade e materiais. São Paulo: Loyola, 1995.

MAIA, J. *Literatura na formação de leitores e professores*. São Paulo: Paulinas, 2007. (Literatura & Ensino).

MELLO, Ana Maria (Org.). *O dia a dia das creches e pré-escolas*: crônicas brasileiras. Porto Alegre: Artmed, 2010.

MIRANDA, N. *200 jogos infantis*. Belo Horizonte: Itatiaia, 2002.

MORAS, I. *Fantoches, bonecos articulados e cia. de papel e cartolina*. São Paulo: Paulinas, 1998.

MOYLES, J. R. et al. *A excelência do brincar*. Tradução de Maria Adriana Veronese. Porto Alegre: Artmed, 2006.

NISTA-PICCOLO, Vilma Leni. *Corpo em movimento na Educação Infantil*. São Paulo: Cortez, 2012.

NUNES, T.; BRYANT, P. *Crianças fazendo Matemática*. Porto Alegre: Artes Médicas, 1997.

OSTETTO, Luciana Esmeralda (Org.). *Encontros e encantamentos na Educação Infantil*. Campinas: Papirus, 2012.

PANIAGUA, G.; PALACIOS, J. *Educação Infantil*: resposta educativa à diversidade. Tradução de Fátima Murad. Porto Alegre: Artmed, 2007.

REAME, Eliane et al. *Matemática no dia a dia da Educação Infantil*: rodas, cantos, brincadeiras e histórias. São Paulo: Saraiva, 2013.

SANTOS, J. G. W.; ALVES, J. M. *O jogo de dominó com contexto interativo para construção de conhecimentos pré-escolares*. Porto Alegre: Scielo, 2000.

SANTOS, S. M. P. dos (Org.). *Brinquedoteca*: o lúdico em diferentes contextos. São Paulo: Vozes, 1997.

SCHILLER, P.; ROSSANO, J. *Ensinar e aprender brincando*. Porto Alegre: Artmed, 2007.

SMOLE, K. S. *A Matemática na Educação Infantil*: a teoria das inteligências múltiplas na prática escolar. Porto Alegre: Artmed, 2000.

SMOLE, K. S.; DINIZ, M. L.; CÂNDIDO, P. *Figuras e formas*. Porto Alegre: Artmed, 2003. v. 3. (Matemática de 0 a 6).

________. *Brincadeiras infantis nas aulas de Matemática*. Porto Alegre: Artmed, 2000. (Matemática de 0 a 6).

________. *Construção da inteligência pela criança*. São Paulo: Scipione, 2002.

WARNER, P. *Aprender brincando*. Tradução de Dinah Abres Azevedo. São Paulo: Ground, 2005.

ZORZI, J. L. *Aprender a escrever*: a apropriação do sistema ortográfico. Porto Alegre: Artmed, 1998.

MATERIAL DE APOIO

FIGURAS PARA A ATIVIDADE DA **PÁGINA 18**.

Ilustrações: Ilustra Cartoon/Arquivo da editora

FIGURAS PARA A ATIVIDADE DA **PÁGINA 49**.

Ilustrações: Ilustra Cartoon/Arquivo da editora

FIGURAS PARA A ATIVIDADE DA **PÁGINA 49**.

Ilustrações: Ilustra Cartoon/Arquivo da editora

FIGURAS PARA A ATIVIDADE DA **PÁGINA 70**.

Nigel Cattlin/Alamy/Other Images

SeDmi/Shutterstock/Glow Images

Nigel Cattlin/Alamy/Other Images

hilmi/Shutterstock/Glow Images

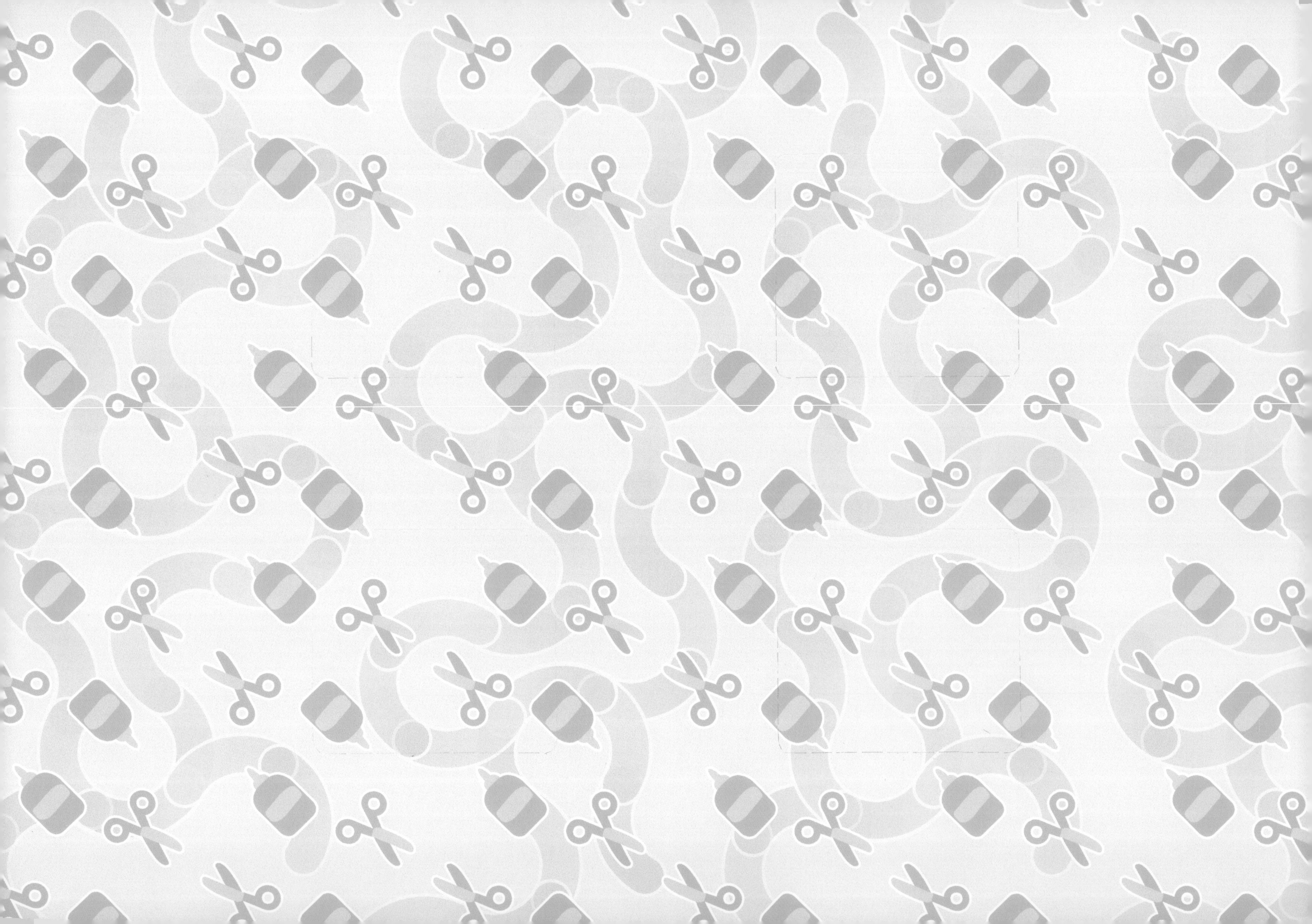

FIGURAS PARA A ATIVIDADE DA **PÁGINA 91**.

João Prudente/Pulsar Imagens

haak78/Shutterstock/Glow Images

Luciana Whitaker/Pulsar Imagens

Fabio Colombini/Acervo do fotógrafo

FIGURAS PARA A ATIVIDADE DA **PÁGINA 123**.

Tupungato/Shutterstock/Glow Images

Tupungato/Shutterstock/Glow Images

best images/Shutterstock/Glow Images

pisaphotography/Shutterstock/Glow Images

O lympus/Shutterstock/Glow Images

Ruth Peterkin/Shutterstock/Glow Images

FIGURAS PARA A ATIVIDADE DA **PÁGINA 96**.

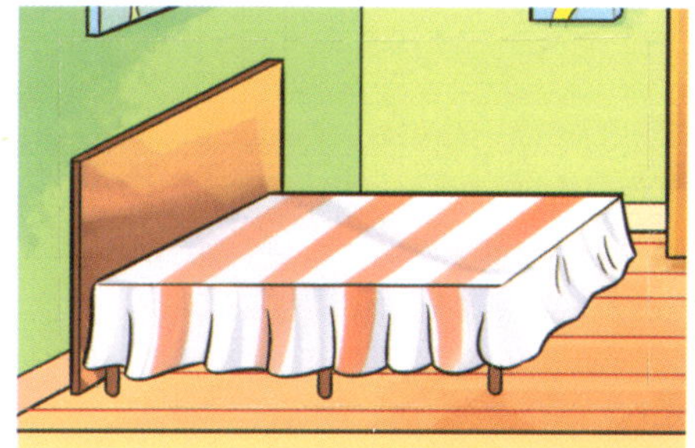

Ilustrações: Ilustra Cartoon/Arquivo da editora

FIGURAS PARA A ATIVIDADE DA **PÁGINA 128**.

FIGURAS PARA A ATIVIDADE DA **PÁGINA 131**.

ADESIVOS PARA A ATIVIDADE DA **PÁGINA 21**.

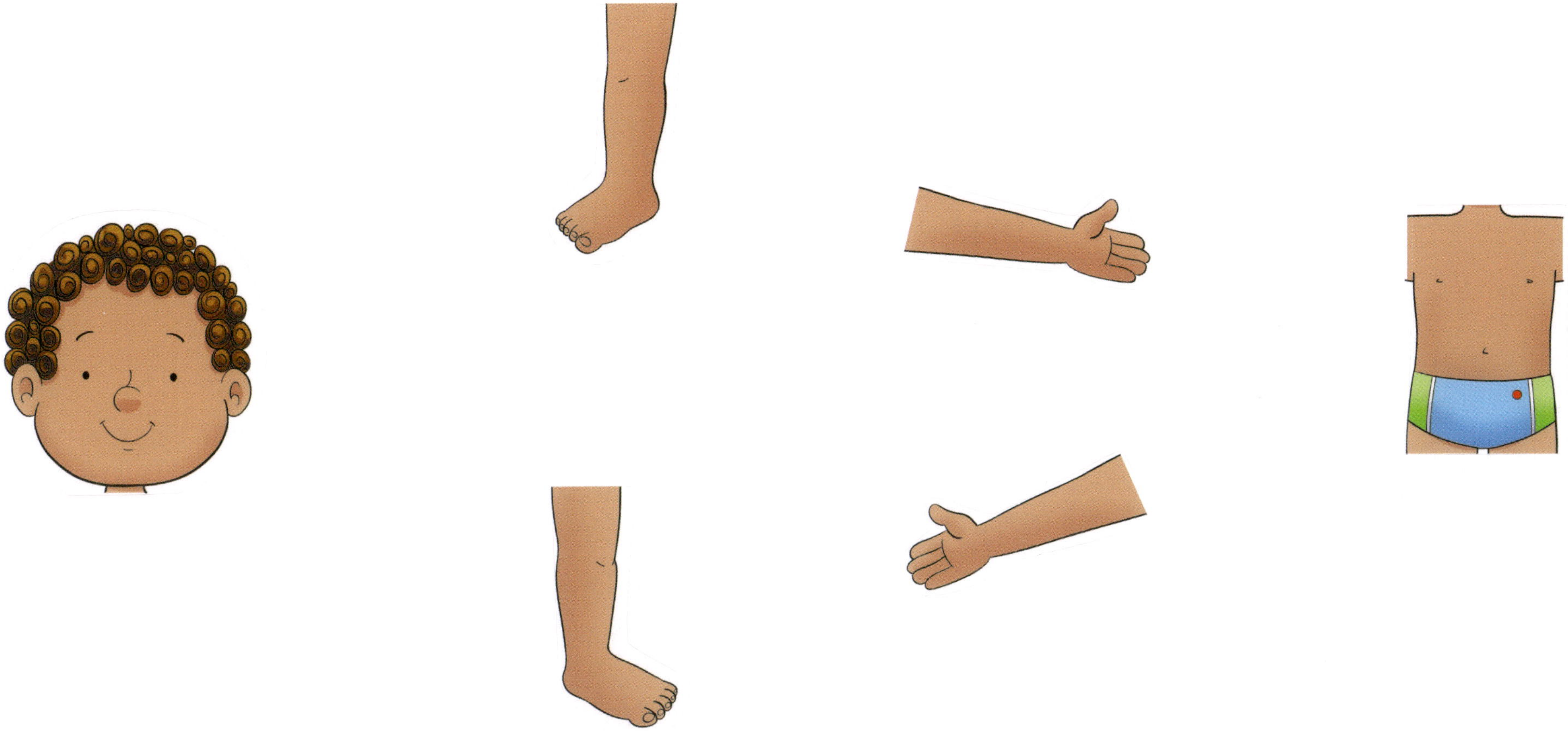

Ilustrações: Ilustra Cartoon/Arquivo da editora

ADESIVOS PARA A ATIVIDADE DA **PÁGINA 66**.

Coprid/Shutterstock/Glow Images

Lyudmila Suvorova/Shutterstock/Glow Images

Maria Komar/Shutterstock/Glow Images

Stocksolutions/Shutterstock/Glow Images

Julio Embun/Shutterstock/Glow Images

Angelo Gilardelli/
Shutterstock/Glow Images

ADESIVOS PARA A ATIVIDADE DA **PÁGINA 72**.

natu/Shutterstock/Glow Images

ryby/Shutterstock/Glow Images

Volosina/Shutterstock/Glow Images

Rob Hainer/Shutterstock/Glow Images

Yasonya/Shutterstock/Glow Images

Valentyn Volkov/Shutterstock/Glow Images